Contabilidad y finanzas para no contadores

Contabilidad y finanzas para no contadores

Francisco José Cuevas Dobarganes

LIMUSA
MÉXICO, Venezuela, Colombia, España, Guatemala

Cuevas, Francisco José
Contabilidad y finanzas para no contadores /
Francisco José Cuevas Dobarganes. -- México :
Limusa, 2008.
194 p. ; 23 x 15.5 cm.
ISBN-13: 978-968-18-6580-1
Rústica.
1. Contabilidad

Dewey: 657.042 | 22 / C9658c LC: HF5635

GRUPO NORIEGA EDITORES
BALDERAS 95, MÉXICO, D.F.
C.P. 06040
5130 0700
5512 2903
limusa@noriega.com.mx
www.noriega.com.mx

CANIEM NÚM. 121

HECHO EN MÉXICO
ISBN-13: 978-968-18-6580-1
2.1

Contenido

Prólogo

En el mundo contemporáneo es imperativo tener conocimientos de contabilidad y finanzas, aunque en principio nuestra formación profesional no se apegue demasiado a estas materias.

¿Quién no efectúa operaciones bancarias, transacciones comerciales o de negocios? Esto es esencial en la actualidad, así como conocer los estados financieros y saber interpretarlos.

En este contexto, en *Contabilidad y finanzas para no contadores*, el autor, Francisco Cuevas, ha desarrollado un método didáctico apoyado con material que facilita el aprendizaje de la contabilidad y las finanzas para personas no especializadas en asuntos financieros.

Observando los excelentes resultados de su método, comentamos hace tiempo la idea de publicar un libro. Con gran alegría veo que el proyecto es ya una realidad.

Este libro que el autor pone hoy al alcance de los universitarios y el público en general, es fruto de su preocupación por una formación de alta calidad de los administradores de empresas y presenta un sistema nuevo, probado por él mismo con sus alumnos, que permite a estudiantes y profesionales comprender con gran facilidad la lógica de la contabilidad.

Entre las características que representan ventajas sobre otros libros que tratan el tema pueden mencionarse:

- Haber sido escrito por un administrador de empresas, por lo que esto puede significar en cuanto a comprensión de lenguaje y su enfoque a la toma de decisiones basadas en la información contable.
- Estar dirigido expresamente a quienes son ajenos a la contabilidad y a las finanzas.

- Captar el interés tanto de los contadores como de quienes no lo son, mediante un criterio explicativo y simplificado que resulta comprensible y provechoso para todos.

A partir de sus experiencias personales y de las de algunos compañeros de carrera, y después de un estudio de campo que realizó, el autor deja de lado el tradicional proceso de enseñanza-aprendizaje de la contabilidad y emplea un sistema más práctico, sencillo y aplicable en la vida profesional utilizando términos más amigables y apegados a la lógica, como son: obtención y aplicación, en lugar de debe y haber, cargo y abono, y cuentas T.

Recurre también al registro directo de las operaciones contables en los estados financieros, lo que permite la detección inmediata de cualquier error. Se esfuerza por subrayar la importancia y utilidad de la contabilidad a los no contadores.

Se sirve de lo tradicional utilizando términos y métodos actuales, totalmente aplicables a la realidad, con un enfoque de tipo sistémico, como los sistemas de cómputo para el registro de la contabilidad en las empresas, con una lógica muy similar a la que usan los programadores de los sistemas contables computacionales que actualmente se utilizan en el mundo.

El autor busca dejar muy claros los conceptos que manejan los contadores, así como el hecho de que la información financiera que éstos procesan se utilice fundamentalmente con fines productivos, más que para un simple cálculo de impuestos. Para él, no es el proceso contable riguroso lo importante, sino la información dinámica útil para directores, propietarios y para quienes toman las decisiones en las empresas, centrando su enfoque más en el terreno de lo administrativo, que en el de lo normativo contable.

Fuera de los esquemas tradicionales, explica la contabilidad anteponiendo la lógica a la memorización.

Considero que este libro será de gran ayuda para la formación de profesionales en diversas disciplinas, en un país como el nuestro en el que es necesario dar bases más sólidas para la superación de la calidad académica en nuestras universidades y, sobre todo, consolidar todos y cada uno de los esfuerzos emprendedores para un mayor desarrollo social y económico, en beneficio de todos.

Lourdes Linares Castro
Directora del Departamento de Administración y Contaduría Pública de la Universidad Iberoamericana

Introducción

En el otoño de 1984 cursaba la materia *Introducción a la contabilidad*, dentro del plan de estudios de la carrera de *Administración de empresas*; sin embargo, tanto los conceptos, como la terminología y muchos procedimientos impartidos, en realidad tenían un mayor enfoque hacia otras asignaturas seriadas, principalmente del área financiera, lo cual nos llevó a la conclusión de que la enseñanza de la contabilidad y las finanzas eran disciplinas complejas, enredadas y poco aplicables en la vida.

Asimismo, encontramos que la didáctica se basaba más en la repetición de memoria que en un adecuado razonamiento lógico; por ejemplo, al memorizar que "Al depositar en la cuenta de cheques, hay que 'cargar a Bancos'" (en la región del 'debe'), en realidad parecía que se quitaba el dinero, por lo que había que asociarlo al revés: "Al pagar una deuda a un tercero, habría que 'abonar a cuentas por pagar'" (en la región del 'haber'), lo que sugiere exactamente lo contrario.

Años más tarde, una universidad privada me solicitó que desarrollara un material didático para la materia *Introducción a las finanzas*, para, en principio, regularizar a los alumnos "no contadores", con lo cual se obtuvieron buenos resultados.

Después, en 1995, realicé un estudio en un tecnológico y cuatro universidades de reconocido prestigio (tres del sector privado y dos del público), para determinar el nivel académico de los estudiantes de último semestre de *Administración de empresas*. Por ello se aplicó un sencillo examen contable, equivalente al examen final del primer curso de *Contabilidad básica*, a 304 estudiantes.

Los resultados mostraron que, sin contar a siete alumnos que tenían estudios de contador público, sólo tres de los 297 restantes acreditaron el examen, es decir, poco más del uno por ciento.

Del estudio anterior se desprendieron tres hipótesis:

1. Los alumnos "no contadores" tenían problemas para entender contabilidad.
2. Había dificultades en la transmisión y recepción de los conocimientos contables.
3. Los métodos de enseñanza contable eran poco prácticos, con terminología obsoleta e ilógica.

En 1996 impartí la materia *Contabilidad* en la Universidad del Claustro de Sor Juana, en la carrera de *Gastronomía,* implementando un nuevo sistema basado en los procedimientos que usan los programas de cómputo de contabilidad, en los que, en lugar de términos como el "debe", "haber", "cargo o abono", o las antiguas cuentas *T,* se ocuparon términos más "amigables" y apegados a la lógica, como la obtención y la aplicación, además de que el registro se hacía directamente en los estados financieros, lo que permitía detectar inmediatamente cualquier error.

Dos años más tarde a estos alumnos se les aplicó el mismo examen contestado por los alumnos de las cinco instituciones citadas anteriormente. El resultado fue que poco más de 45% lo acreditó.

Todo esto nos sirve de marco para subrayar que el objetivo de este libro es proporcionar al lector una serie de técnicas y procedimientos contables y financieros tradicionales, pero utilizando términos y métodos actuales, totalmente aplicables a la realidad.

En el capítulo 1 se destaca la importancia de la contabilidad y las finanzas para los administradores, y se definen los conceptos básicos que se utilizan a lo largo del libro.

En el capítulo 2 se explican los estados financieros básicos, su importancia y su formato, así como la utilidad que tienen para la administración.

En el capítulo 3 se presenta un caso práctico para explicar los tipos de operaciones que puede tener una empresa y su registro en los estados financieros, a través de: el balance general, el estado de resultados, la depreciación, el registro del pago de impuestos y, finalmente, la lectura e interpretación de éstos.

En el capítulo 4 se describen los principales estados financieros complementarios que utilizan las empresas, por lo general, para efectos de control y toma de decisiones.

En el capítulo 5 se detalla la forma de calcular el costo en los diferentes tipos de empresas, ya sea del área comercial, industrial y de servicios, situación que por lo general no detallan los textos tradicionales contables, donde se tratan a todas las empresas como si fueran comercios o industrias.

En el capítulo 6 se mencionan las posibles "fugas" en el costo que existen en las empresas, así como sus causas y una serie de consejos prácticos para su control; se distingue el tipo de ramo al que pertenece la empresa.

En el capítulo 7 se muestran una serie de indicadores financieros para detectar posibles problemas de liquidez, solvencia o rendimiento en las empresas, así como su análisis, interpretación y algunas alternativas de solución, para detallar finalmente algunos índices para cada tipo de empresa.

En el capítulo 8 se desarrolla lo relativo a la toma de decisiones, la relación entre todas las variables que conforman una empresa y la evaluación de cada elección en cuanto a sus efectos positivos y negativos, ya que el objetivo de cualquier decisión en la empresa debe siempre estar enfocado a mejorar su rendimiento.

Al final de la obra hay un apartado de Bibliografía con el fin de que el lector pueda ampliar sus horizontes de conocimiento de esta disciplina.

Capítulo 1

Fundamentos de contabilidad y finanzas

POR QUÉ ES IMPORTANTE LA CONTABILIDAD EN LA ADMINISTRACIÓN

El plan de estudios de las instituciones de educación superior que imparten carreras afines a la administración incluye materias relacionadas con mercadotecnia, finanzas, planeación, organización, dirección, psicología, recursos humanos, producción, matemáticas, control y, por supuesto, contabilidad.

Desafortunadamente la contabilidad se ha impartido de manera muy tradicional, con métodos inoperantes (las cuentas "T") y caducos (los sistemas de valuación de inventarios, obsoletos desde 1988). El resultado se traduce en la posibilidad de formar administradores con fobia y desconocimiento de la materia, que ya en la vida profesional tenderán a depender de los contadores tanto en el registro como en el control y la toma de decisiones, así como en el pago de los impuestos.

No se puede negar la impresionante cantidad de empresas que se fundan año con año en nuestro país, pero es más sorprendente el número de ellas que fracasan. Por ello, es primordial que los nuevos empresarios estén cada día más preparados, ya que deben contemplar que no sólo competirán a nivel nacional, sino internacional. En este contexto, el conocimiento de la contabilidad, además de otras disciplinas, contribuirá a incrementar la probabilidad de tener éxito.

EL ADMINISTRADOR DEL SIGLO XXI

Por lo general, se concibe a los administradores como propietarios o gerentes de empresa que están encerrados en su oficina analizando información y tomando decisiones, pero al parecer, a veces son poco efectivos, pasivos y se mantienen ajenos a la problemática de la empresa, de los trabajadores y, sobre todo, de los clientes.

Ante la creciente competencia, la contracción de los mercados, las excesivas regulaciones y la globalización, las universidades deberán enfocarse a la formación efectiva de nuevos y mejores empresarios y directores de empresa. Para ello, los atributos que deben fomentar y profundizar en los egresados son:

- La habilidad y metodología para diseñar y planear una nueva empresa en forma realista y eficiente.
- La habilidad para negociar con proveedores y clientes.
- El conocimiento de las instalaciones (equipos y espacios) más importantes en los diferentes tipos de empresas.
- El trato con el trabajador y su sindicato bajo diferentes circunstancias.
- El trato al cliente.
- Cómo administrar empresas en periodos de crisis.
- No depender de una oficina fija.
- Tener herramientas para ejercer el control absoluto de la empresa.
- Conocer toda la empresa.
- Tener un compromiso firme con el país, la casa de estudios, los colaboradores y la familia.

La habilidad y metodología para diseñar y planear una empresa en forma realista y eficiente

Comencemos con un ejemplo propio, pues hace tiempo abrimos un restaurante. Se trata de una franquicia, por lo cual se cuenta con asesoría permanente de personal especializado; sin embargo, se cometieron una gran cantidad de errores en el diseño de instalaciones e inversión, debido a que ante la obsesión de contar con "el mejor restaurante" (primer error), se invirtió de más en algunos rubros, lo cual complicó la operación del negocio y, por supuesto, su rentabilidad.

Por fortuna se pudieron corregir muchas deficiencias, aunque se corrió un riesgo innecesario que pudo ocasionar el cierre de la empresa.

Al parecer, las cadenas internacionales de restaurantes poseen un molde exacto al cual, ponerle una mesa de más o de menos (por ejemplo), afecta negativamente su rentabilidad.

La habilidad para negociar con proveedores y clientes

Debido a que muchas de las compras se realizan por contrato y a que los márgenes de operación son sensiblemente más estrechos que antes, la falta de habilidad para negociar un precio o ciertas condiciones de pago para las partes, puede ocasionar que alguna de ellas desaparezca (finalmente se trata de que sea negocio para todos).

Aunque el costo financiero es infinitamente menor al de otros tiempos, el costo de oportunidad o la descapitalización seguramente afectarán la rentabilidad de la empresa.

Con frecuencia, al hacer cálculos previos a la apertura de un establecimiento, todo luce tan optimista y tan fértil, que se toman decisiones apresuradas que después son muy difíciles de corregir.

Dentro del sector restaurantero es posible obtener grandes beneficios, descuentos o concesiones si se sabe negociar con los proveedores, ya que ellos, sólo por tener presencia en lugares concurridos, están dispuestos incluso a no ganar.

El conocimiento de las instalaciones más importantes en los diferentes tipos de empresas

Es fundamental que los administradores conozcan, aunque de manera básica, el funcionamiento y la operación de algunas instalaciones, ya que la mayoría de las personas encargadas de las áreas de mantenimiento suelen exagerar o simular descomposturas con el objetivo de obtener mayores ingresos.

Es importante que los administradores no sólo sean entes decorativos de oficina, sino que conozcan a fondo el funcionamiento de todo el establecimiento. Es necesario preguntar, observar, estudiar los manuales y cerciorarse de la necesidad antes de ordenar o pagar alguna compostura.

Es esencial ganarse el respeto de los empleados, no por ser el dueño o el gerente, sino por lo que se sabe.

El trato con el trabajador y su sindicato bajo diferentes circunstancias

Todos estamos de acuerdo en que el activo más importante de las empresas son sus trabajadores. Pero también es indiscutible que a la mayoría de los sindicatos no les interesan ni la empresa ni sus agremiados.

En México, lo que dicen los textos (traducidos) al respecto es una cosa, y la realidad otra. Al "negociar" las revisiones salariales o la renovación del contrato colectivo, pareciera que debemos transformarnos en gente que no está dispuesta a ceder en nada. Sería más viable que las mejoras se negociaran directamente con los trabajadores (con base en la productividad) y se anexaran después al contrato.

Habrá que tener la suficiente "habilidad negociadora" para cambiar de expresión cuando haya que: contratar, capacitar, negociar, mandar, revisar el trabajo, regañar, exigir resultados, ayudar y escuchar. A veces hay que transformarse en una especie de guía, incluso paternal, aunque ellos nos doblen la edad.

El trato al cliente

De las pocas cosas que no se aprenden en la universidad es cómo tratar a un cliente; por ejemplo, hace 20 años había tan poca competencia en el ramo restaurantero, que no se daba tanta importancia al trato a los clientes.

Actualmente es necesario contar con servicios como: estacionamiento, seguridad, valet, calidad de alimentos, cantidad, buena presentación, máxima higiene, mantenimiento, variedad de platillos, ambiente y servicio. Pero uno de los atributos que más cuentan para lograr el éxito de los restaurantes en México, es el trato directo de los directores, gerentes y dueños a los clientes.

Un cliente puede soportar que la sopa esté fría o que la carne no esté en el término que la pidió, pero seguramente no tolerará que no le hagan caso al reclamar. Es de dominio popular la frase: "El cliente siempre tiene la razón"; sin embargo, muy pocos la ponen en práctica. Generalmente, en el mejor de los casos, se manda a un "segundo" a pedir disculpas. No hay nada más importante para el propietario o gerente que escuchar y resolver el reclamo o problema del cliente. Pero sobre todo, debe hacerlo con una actitud que demuestre que realmente le interesa el problema y que se hará todo lo posible para resolverlo.

Es fácil atraer clientes, lo difícil es hacer que regresen.

Cómo administrar empresas en periodos de crisis

A nivel mundial parece que administrar empresas en periodos de crisis es ya una constante.

Cuando una empresa reporta ventas insuficientes para solventar los costos, gastos, comisiones e impuestos, suelen tomarse decisiones precipitadas. Así, se recortan gastos que afectan la calidad o presentación de los productos, o bien que inciden en la operación del establecimiento. En ambos casos, sólo se acelera el cierre de la empresa.

Una decisión aún peor es dejar de pagar impuestos, salarios o a proveedores, así como pedir préstamos (con condiciones poco favorables) o tratar de que el cliente pague las ineficiencias elevando los precios.

La administración de una empresa en crisis debe basarse en la calma, el control de procesos y materiales, la optimización, la mejora continua, la capacitación y, sobre todo, contar con la presencia de sus propietarios y directores.

Es vital que los trabajadores, los proveedores, la competencia y en especial los clientes, no se den cuenta de los problemas.

No depender de una oficina fija

El hecho de no tener una oficina "tradicional" o fija a pesar de manejar varios negocios, ha sido de gran utilidad. En el caso de los restauranteros, quienes las tienen, las utilizan tal vez como refugio para estar ajenos a la operación y al servicio; pero cabe destacar que en un restaurante no hay nada más importante que estar al pendiente de los clientes.

En realidad, en los restaurantes se tienen tantos despachos como mesas tiene el restaurante, y al tiempo que se atiende a una persona, se tiene la oportunidad de observar el funcionamiento del negocio.

Control absoluto de la empresa

Uno de los ingredientes básicos en el éxito de las micro, pequeñas y medianas empresas, es el *control*.

Causa curiosidad el hecho de que de tantos miles de empresarios abarroteros sólo cinco (los dueños de Soriana, Chedraui, Gigante, Comercial Mexicana y Cifra-Walmart) pudieran crecer tanto; de tantos panaderos sólo uno hiciera una empresa como Bimbo; y así como éstos, existen cientos de ejemplos en nuestro país. En el sector restaurantero es común que cuando un empresario opera una segunda unidad, fracase en las dos. La respuesta es el control.

El control no debe basarse en tener las llaves de todo, o estar todos los días en la empresa sin vacaciones ni descanso. Consiste en saber lo que hay, cómo funciona, cuánto se gasta, cuánto se debería gastar y cómo resolver las diferencias sin afectar la operación.

Control no es contabilizar las operaciones y registrar absolutamente todo, sino detectar fallas y faltantes y establecer procedimientos y sistemas que, sin afectar la operación, optimicen la empresa y la hagan más funcional y rentable.

Para ello sólo hay que tomarse el tiempo para conocer cada función del personal, cada tarea, cada proceso, cada estado y cada procedimiento, y establecer procesos de mejora continua y optimización.

Conocer toda la empresa

Es muy fácil mandar, pero pocas veces lo hacemos con conocimiento pleno de la actividad o del problema, de las alternativas de ejecución y, sobre todo, de los efectos secundarios que traerá una decisión de este tipo.

En cierta ocasión un empleado me reclamó que por qué le daba sólo dos horas para limpiar unos vidrios. Le contesté que yo lo había hecho anteriormente en poco menos de una hora.

Si administramos la empresa con una etiqueta de "todopoderosos" y "superimportantes" y nunca nos tomamos la molestia de llevar a cabo tareas como recibir a un cliente, estacionar un auto, atender una mesa, registrar la contabilidad, depositar en el banco, servir una bebida, lavar los platos, etcétera, nunca podremos entender la esencia de la empresa, sus trabajadores, necesidades y carencias, y, por lo tanto, no sabremos mandar y no conoceremos las implicaciones de dar una orden.

Para saber mandar hay que saber obedecer, y saber hacer lo que se está mandando.

Comprometerse más con el país, la casa de estudios, los colaboradores y la familia

Es común encontrar personas sin memoria. Cuando salen de la Universidad, se olvidan totalmente de ella, no le aportan absolutamente nada y consideran que con el hecho de haber pagado la colegiatura correspondieron de sobra con su casa de estudios.

¡Qué fácil resulta evadir impuestos, tirar un papel en la calle, corromper a alguna autoridad!

¡Qué rentable es explotar a los trabajadores, exigirles más por menos, correr a una empleada embarazada!

¡Qué cómodo es llegar a casa sólo a comer, bañarse y dormir, no hay hotel más barato!

¡Qué fácil es quejarse de todo y de todos, y pensar que lo malo es culpa de los otros!

Los futuros administradores dirigirán empresas, organismos, familias e incluso un país. Por eso es fundamental que lleven a su vida cotidiana y a su labor profesional la filosofía y el ideario de su casa de estudios. Debemos corresponder con acciones y con el ejemplo.

CONCEPTOS BÁSICOS DE CONTABILIDAD

A continuación se describen algunos conceptos básicos de contabilidad que vale la pena definir, y que se utilizarán a lo largo del texto, principalmente en los capítulos 2 a 5.

Estado financiero. Es un reporte contable que muestra la situación económica de la empresa. Existen dos tipos: básicos y complementarios.

Estado financiero básico. Presenta la información más relevante de la empresa, además de que es necesario para efectos del cálculo de impuestos. Existe en sólo dos estados: el de situación (también conocido como balance general) y el de resultados.

Estado financiero complementario. Presenta información más detallada de alguna cuenta de los estados financieros básicos; por ejemplo el estado de flujo de caja, estado de bancos, conciliación del costo, etcétera.

Balance general. Es un estado financiero básico, estático, a una fecha determinada en la cual se muestran todos los recursos con los que cuenta la empresa (activo) y de dónde fueron obtenidos (pasivo y capital).

Activo. Corresponde a todos los bienes con que cuenta la empresa, y que están clasificados en tres grupos: circulante, fijo y diferido.

Circulante. Se refiere a los recursos que tiene una empresa y que se utilizan para financiar su operación; algunos ejemplos de las cuentas que lo integran son: caja, bancos, cuentas por cobrar, documentos por cobrar, clientes, inventarios, inversiones en valores.

Fijo. Se le llama así porque representa a todos los bienes muebles e inmuebles que conforman la empresa; algunos ejemplos son: equipo de cómputo, equipo de reparto, mobiliario, maquinaria, edificios y terrenos.

Diferido. También se conoce como activos intangibles; son todos los bienes que tiene la empresa y que por su naturaleza no se encuadran en la clasificación de circulante o fijo, pero que dan un valor agregado a la empresa. Como ejemplos están: pagos anticipados, seguros, fianzas, patentes, marcas y registros.

Pasivo. Representa todas las deudas de la empresa, y normalmente se clasifica en dos grupos: corto plazo (menor a un año) y largo plazo (mayor o igual a un año). Como ejemplos de las cuentas que lo integran están: sueldos por pagar, préstamo bancario, cuentas por pagar, documentos por pagar, impuestos por pagar y crédito hipotecario.

Capital. Representa los recursos de la empresa aportados por los socios (capital) o generados por ella misma (utilidades).

Estado de resultados. Es el estado financiero básico, dinámico, de un periodo determinado, en el cual se muestran todos los ingresos y egresos de la empresa. De la diferencia de éstos se obtiene la utilidad o pérdida del ejercicio.

Ingresos. Son los recursos que la empresa cobró, producto de su giro (ventas) o de otras operaciones (otros ingresos y productos financieros).

Egresos. Son los recursos que la empresa utilizó, producto de su giro (costos), de otras operaciones propias de su funcionamiento (gastos, gastos financieros y otros), y de imposiciones gubernamentales (impuesto sobre la renta y reparto de utilidades).

Depreciación. Es el procedimiento contable mediante el cual se registra la disminución del valor de los activos fijos debido a su uso, obsolescencia o al paso del tiempo.

Cabe destacar que todos los activos fijos de la empresa ven reducido su valor contable con el tiempo, excepto el terreno, a menos que tenga usos agrícolas o de extracción.

Amortización. Es el procedimiento equivalente a la depreciación, pero aplicable a los activos intangibles; por ejemplo: si un seguro se paga por seis meses, su valor se verá reducido en una sexta parte por cada mes que transcurra.

Balanza de comprobación. Es un estado financiero complementario al balance general en el cual se muestran con detalle los aumentos y disminuciones que cada cuenta tuvo en el ejercicio.

Estado de flujo de caja. Es un estado financiero complementario al balance general en el cual se muestran todas las entradas de dinero a la caja o al banco de la empresa (producto de los cobros), y todas las salidas (producto de los pagos). Se puede presentar en forma diaria, semanal, quincenal o anual.

Estado de bancos. Es un estado financiero complementario al balance general en el cual se muestran con detalle todos los depósitos bancarios, así como de las salidas de dinero de esta cuenta, producto de pagos con cheque, retiros en efectivo o comisiones.

Estado de cuentas por cobrar. Es un estado financiero complementario al balance general en el cual se muestran con detalle todos los movimientos del crédito que se le ofrece a cada cliente respecto a consumos y pagos.

Estado de origen de aplicación de recursos. Es un estado financiero complementario al balance general y al estado de resultados en el cual se muestran los aumentos y disminuciones de cada una de las cuentas que integran estos estados financieros básicos.

Conciliación del costo. Es un estado financiero complementario al estado de resultados, el cual se utiliza para calcular todos los materiales y demás factores utilizados en la producción o comercialización de los artículos vendidos. Es importante destacar que el cálculo y los factores de costo utilizados dependerán del tipo de empresa de que se trate.

CONCEPTOS BÁSICOS DE FINANZAS

A continuación se describen de manera sucinta algunos conceptos referentes a temas financieros que se utilizarán en los capítulos 6 a 8.

Control del costo. Es una serie de técnicas, formatos y procedimientos que se utilizan para detectar fugas y pagos en exceso de algunos de los elementos que integran el costo, además de proponer posibles soluciones para evitar que se repitan en el futuro.

Análisis financiero. Es una serie de procedimientos y técnicas que permiten conocer a fondo el desempeño de la empresa, además de detectar problemas.

Índices financieros. Son una serie de fórmulas que permiten conocer la liquidez, la solvencia y el rendimiento de la empresa.

Liquidez. Es el grado de disponibilidad de recursos monetarios de la empresa. Se dice que una empresa tiene liquidez cuando tiene el dinero suficiente para mantenerse en operación.

Solvencia. Es la capacidad de pago de las deudas que tiene una empresa. Mide la relación entre los pasivos y las cuentas líquidas de la empresa, como caja y bancos.

Rendimiento. Mide la calidad de las utilidades de la empresa, y las compara con la inversión, el tamaño de la empresa o sus ventas, por ejemplo.

Punto de equilibrio. Representa el nivel de ventas o clientes que requiere la empresa para no tener pérdidas. Dicho de otra forma, se da cuando los ingresos son iguales a los egresos.

Presupuesto de ventas. Representa el nivel de ventas necesario para que una empresa genere las utilidades que sus accionistas pretenden, considerando los costos, gastos, intereses e impuestos.

Valuación financiera. Es un procedimiento por el cual se puede conocer en términos monetarios el resultado final de una acción o inversión. Para ello se utilizan estados financieros.

Optimización. Es una serie de acciones que permiten maximizar las utilidades, en función de la adecuada combinación de las variables controlables de la empresa.

Capítulo 2

Los estados financieros

Como se describió en el capítulo 1, los estados financieros se pueden clasificar en dos grandes grupos: los básicos y los complementarios. En este capítulo se describen los más importantes, su formato, la información que reflejan y por qué son tan relevantes para la administración y la contabilidad, además de mostrar algunos datos informativos que ayudarán en la toma de decisiones para mejorar la operación y rentabilidad de la empresa.

LOS ESTADOS FINANCIEROS BÁSICOS

Los estados financieros básicos reflejan la información más importante de la empresa, y son fundamentales para el cálculo y la revisión de los impuestos. Dentro de este grupo se encuentran el balance general (también conocido como estado de situación) y el estado de resultados (también conocido como estado de ingresos y egresos).

Antes de reabrir o comprar cualquier empresa, es conveniente leer, analizar e interpretar por lo menos los estados financieros básicos, y no sólo tomar como referencia la utilidad o el valor del capital (reflejados en éstos), sino otros elementos que pueden estar semiocultos, como las deudas y sus plazos, la cobranza, los inmuebles, los inventarios, los gastos, el grado de control del costo, etcétera, que finalmente pueden hacer variar el precio de compra de la empresa hacia cualquier sentido.

BALANCE GENERAL

Es un estado financiero básico estático, a una fecha determinada, en el cual se muestran los recursos con los que cuenta la empresa (activo) y de qué fuentes se obtuvieron, las cuales pueden ser: deudas a terceras personas (pasivo), aportación de recursos de los socios y utilidades generadas por la propia empresa (capital).

Evidentemente, la suma de los activos debe ser idéntica a la suma del pasivo más el capital, ya que todos los recursos con que cuenta la empresa pertenecen a la misma o a sus socios. A este principio se le conoce como la ecuación contable básica.

De lo anterior, podemos deducir que el balance general es:

1. Un *estado financiero*, ya que muestra información (expresada en términos monetarios) del valor de la empresa.
2. *Básico*, por lo expuesto en el párrafo anterior.
3. *Estático* (no cambia), ya que muestra la información en un momento determinado; si se desea expresar el cambio producido por efectos de tiempo en alguna de sus cuentas, es necesario elaborar otro balance general.
4. *A una fecha determinada*, ya que menciona el momento exacto en que se valuaron contablemente cada una de las cuentas. Por ejemplo, en la cuenta de bancos, si se tomó el saldo a las 24 horas del 31 de diciembre de 2002 y reflejó cierto monto, momentos más tarde se vio quizá modificado por el efecto de comisiones o intereses (aunque el banco y la empresa se encuentren cerrados por ser día festivo).

Se le llama balance general porque parte de un principio de igualdad entre el activo y el pasivo más el capital; de alguna manera expresa un "equilibrio" perfecto entre lo que la empresa tiene y la fuente de los recursos que utilizó para comprarlo. A continuación se muestra gráficamente la composición de un balance.

El formato tradicional de un balance general, utilizando las cuentas más comunes, es el siguiente:

MANUFACTURERA CENTRAL, S.A. DE C.V.
BALANCE GENERAL
Al 31 de diciembre de 2002

ACTIVO	PASIVO
CIRCULANTE	A CORTO PLAZO
Caja	Salarios por pagar
Bancos	Proveedores
Clientes	Acreedores diversos
Inventarios	
	A LARGO PLAZO
FIJO	Préstamo bancario
Equipo de transporte	Préstamo hipotecario
Equipo de oficina	
Maquinaria	SUMA EL PASIVO
Edificio	
Terreno	CAPITAL CONTABLE
	Capital social
INTANGIBLE	Utilidades de ejercicios ant.
Seguros pagado por anticip.	Utilidad del ejercicio
Depósitos en garantía	
Marca registrada	SUMA EL CAPITAL
SUMA EL ACTIVO	SUMA EL PASIVO MÁS CAPITAL

El rótulo principal incluye:

- **Nombre de la empresa (Manufacturera Central, S.A. de C.V.).** Para saber a qué o a quién se refiere la información contable.
- **Nombre del estado financiero.** En este caso se trata del balance general.
- **Fecha.** Para saber en qué momento exacto se tomó la lectura de cada uno de los saldos de las cuentas. En este caso, el 31 de diciembre de 2002 significa que las cuentas representadas reflejan el saldo a las 24 horas de este día.

La columna izquierda del balance se refiere al activo, y la derecha tiene dos partes: el pasivo y el capital. A continuación se describen los tres grupos, su clasificación y la forma correcta de ordenar las cuentas.

Activo

El activo incluye todos los bienes de la empresa, y a su vez, se divide en tres grupos: circulante, fijo y diferido, conceptos definidos en el capítulo 1.

Es importante respetar el orden de cada uno de los grupos de las cuentas, ya que así se simplifica la lectura, el análisis y la toma de decisiones.

Las cuentas del activo circulante se ordenan de acuerdo con su grado de liquidez, es decir, en función de la facilidad para convertirlas en efectivo. Las cuentas más comúnmente encontradas en las empresas son las siguientes:

Caja. En esta cuenta se registra el monto de dinero que se utiliza para gastos menores, o los billetes y monedas para dar "cambio" a los clientes. Esta cuenta se coloca primero, ya que está compuesta por efectivo.

Bancos. Se registra el monto de dinero que tiene la empresa en su cuenta de banco. El saldo que refleja es real e incluso más confiable que el solicitado a la sucursal bancaria o el obtenido por Internet, ya que puede haber cheques firmados y entregados que no hayan sido cobrados. Esta cuenta se coloca en segundo lugar debido a que, en lugar de efectivo, es necesario emitir un cheque y acudir a una sucursal bancaria para cambiarlo por moneda corriente.

Es frecuente que los administradores tomen decisiones en función del saldo bancario telefónico, y muchas veces esto ocasiona sobregiros costosos para la empresa, independientemente del desprestigio que generan.

Clientes. En esta cuenta se registran todas las ventas a crédito que ha realizado la empresa y que aún no han sido cobradas. Se coloca en tercer lugar porque es necesario esperar a que se cumpla el plazo otorgado al cliente y que éste pague, para luego acudir al banco y convertirlo en efectivo.

Inventarios. Se registran las materias primas, productos en proceso y artículos terminados de la empresa, siempre expresados en términos monetarios. Para ello se deben contar todas las mercancías y multiplicarlas por su costo.

En el ramo industrial, debido a que se cuenta con tres tipos de inventario (materia prima, producción en proceso y productos terminados), es conveniente utilizar una cuenta para cada uno.

Otras cuentas de activo circulante que suelen utilizar las empresas son: cuentas por cobrar, documentos por cobrar, valores por depositar, cobros de tarjeta de crédito, vales por depositar, impuestos por acreditar e inversiones en valores.

Las cuentas de activo fijo se ordenan de acuerdo con su grado de movilidad. Los muebles, que pueden desplazarse más fácilmente, se colocan en la parte superior, y el terreno que es imposible mover, se coloca al final. Las cuentas que normalmente se encuentran en las empresas son:

Equipo de transporte. Refleja el valor real de todos los automóviles, camionetas y tráilers que se utilizan para el transporte de la mercancía. En el caso de las empresas del ramo del transporte, esta cuenta es tan relevante y cuantiosa, que se divide en varias subcuentas en función del tipo de vehículo, tiempo de uso o fin para el cual fue comprado. Esta cuenta se coloca al principio, ya que basta con encender la unidad para que se mueva.

Equipo de oficina. Incluye los escritorios, las sillas, los anaqueles y demás bienes muebles que se encuentren en el área de administración. Esta cuenta se coloca en segundo término, ya que es muy fácil mover un bien, pues sólo basta cargarlo. Debido a que el equipo de cómputo tiene una vida útil y su uso es muy distinto al mobiliario, por lo común se registra en una cuenta por separado.

Maquinaria. En el ramo industrial se usa una cuenta especial para el equipo pesado que se utiliza en el área de producción. Se coloca en tercer término, ya que su movilidad depende de su peso y los accesorios, tomas y descargas que tenga instalados.

Edificio. Se refiere al valor contable de las construcciones que tenga la empresa, excepto bodegas y naves industriales (las cuales, en caso de haber, requieren de una cuenta rotulada precisamente así). Se coloca en este lugar debido a que, para moverlo, habría que demolerlo o desensamblarlo.

Todas las cuentas de activo fijo descritas, deberán acompañarse de una cuenta de depreciación, que determina la disminución del valor del bien por su uso u obsolescencia; por ejemplo:

Maquinaria	$ 10,000
Depreciacion de la maquinaria	(3,200)

En este caso se debe entender que la maquinaria tuvo un valor de compra de 10,000 pesos, pero debido al paso del tiempo y a su uso, dicho valor ha disminuido 3,200 pesos; por lo tanto, el valor real contable de la maquinaria es de 6,800 pesos.

Terreno. Es la última cuenta del activo fijo, ya que por su naturaleza, es imposible moverlo y no tiene depreciación, pues no sufre desgaste.

Puede haber otras cuentas de activo fijo, como: automóviles utilitarios, equipo de cómputo, bodegas y naves industriales, de las cuales habrá que analizar su grado de movilidad para determinar su ubicación en el balance.

En cuanto a los activos intangibles, son bienes que por su naturaleza no pueden clasificarse como circulantes o fijos, pues normalmente se trata de derechos "invisibles" de la empresa, cuyo monto puede ser incluso muy superior al de los dos grupos anteriores. Se ordenan de acuerdo con su vigencia: los que vencen primero se colocan al principio y los demás se acomodan cronológicamente.

En el caso de empresas trasnacionales, como las refresqueras, por ejemplo, el valor de los activos intangibles, como la marca registrada, puede ser muy superior al costo total del resto de la empresa, ya que la inversión en publicidad y el efecto que ello ocasiona en los clientes les otorga un valor difícil de cuantificar.

Seguros pagados por anticipado. Por lo general, los seguros se pagan anticipadamente, y aunque representan un gasto, deben registrarse en el balance como inversión; además, conforme la empresa vaya perdiendo el derecho de usarlos por efectos del tiempo, deben amortizarse. Se colocan al principio, pues su vigencia es casi siempre igual o menor a un año.

Depósitos en garantía. Cuando una empresa arrienda algún bien mueble o inmueble, es común que entregue al arrendador un monto de dinero como garantía de algún desperfecto del bien mientras lo utiliza. En este caso se coloca en segundo término, ya que su vigencia puede ser igual o mayor a un año, y siempre existe la posibilidad de renovar el contrato de arrendamiento. Este bien no está sujeto a la amortización, ya que existe la posibilidad de devolverlo.

Marca registrada. Corresponde al nombre comercial de los productos que vende la empresa; se registra en la oficina correspondiente, tiene una vida útil de 99 años y puede renovarse (tampoco está sujeto a amortización).

Otros ejemplos de activos intangibles son: patentes, contratos de franquicia, derechos de comercialización, producción, extracción o explotación, otros gastos pagados por anticipado, etcétera.

Pasivo

Ya se describieron los bienes con los que cuenta la empresa (activos), y se mencionó que algunos de estos bienes se financian mediante algunas deudas (pasivo). Y éstas, a su vez, se pueden clasificar en dos grandes grupos: a corto plazo (compromisos de la empresa con sus trabajadores, proveedores, gobierno, instituciones bancarias u otros, cuyo vencimiento es menor a un año) y a largo plazo (principalmente deudas con instituciones bancarias que tendrán que pagarse después de doce meses).

Esta clasificación responde al hecho de que el balance general se presenta por lo menos cada año; así, las deudas a largo plazo continuarán para el próximo ejercicio, pero las deudas a corto plazo se deben pagar o reestructurar.

Entre las cuentas más importantes que integran el pasivo se encuentran las siguientes:

Salarios por pagar. Como en general a los trabajadores se les paga en forma vencida (primero trabajan y luego se les paga), los días trabajados y aún no pagados deben registrarse contablemente como una deuda de la empresa.

Proveedores. Actualmente casi todas las empresas otorgan mercancía a crédito a sus clientes. Al recibirla, cuando se registre su entrada al almacén, también deberá registrarse la deuda que genera. Y evidentemente, cuando ésta se pague, se cancelará con su respectiva disminución del banco o caja.

Acreedores diversos. Son las terceras personas a quienes se les adeuda alguna cantidad, como socios, amistades, otras empresas o instituciones que prestan servicios, etcétera.

El orden de estas cuentas depende del grado de su exigibilidad, es decir, de qué tanto tiempo falte para que sean liquidadas. Así, la lógica indica que los *salarios por pagar* deben cubrirse en unos días, el pago a *proveedores* en una semana, y los *acreedores* deben esperar varios meses, aunque éstos se colocarán al principio cuando llegue el momento de ser cubiertos de forma inmediata.

Otras cuentas que suelen utilizarse en las empresas son: *impuestos por pagar, otras prestaciones por pagar préstamo bancario, crédito hipotecario*, etcétera.

Capital

Es la parte del activo financiada con los recursos aportados por los socios, o que ya pertenece a la empresa. Las cuentas de capital se ordenan en función del grado de pertenencia de los socios: las que son de ellos al principio y las que pertenecen a la empresa al final, con la salvedad de que algún día pueden repartirse o capitalizarse (es decir, pasan a formar parte del capital; pertenecen a los socios, pero éstos no pueden tomarlas).

Ejemplos de cuentas de capital son:

Capital social. Son los recursos aportados por los socios como inversión inicial para constituir la empresa, o para apuntalarla después de creada. Se coloca al principio, ya que pertenece a los socios, y dichos recursos se pueden recuperar si se vende la empresa o parte de sus acciones.

Utilidades de ejercicios anteriores. Se refieren a todo el dinero que la empresa ganó antes del ejercicio actual y que aún no se ha capitalizado o repartido entre sus socios.

Utilidad del ejercicio. Corresponde a las ganancias que la empresa ha obtenido en el presente año; se calcula por medio del estado de resultados. Se coloca al final, ya que se refiere a recursos que pertenecen a la empresa y que tendrán que ser repartidos, descontando los impuestos correspondientes, después de un acuerdo entre los socios.

ESTADO DE RESULTADOS

Es un estado financiero que también se conoce como estado de ingresos y egresos. En él se muestran todos los ingresos de la empresa: ventas, productos financieros y otros ingresos, y los egresos: costos, gastos, gastos financieros e impuestos. Este estado financiero es de suma importancia, ya que refleja la utilidad de la empresa. Su formato es el siguiente:

MANUFACTURERA CENTRAL, S.A. DE C.V.
ESTADO DE RESULTADOS
Del 1 de enero al 31 de diciembre de 2002

Ventas
– Costos

= Utilidad bruta
– Gastos

= Utilidad de operación
+ Productos financieros
– Gastos financieros

= Utilidad financiera
– Impuesto sobre la renta
– Reparto de utilidades

= Utilidad neta

El rótulo principal incluye:

- **Nombre de la empresa (Manufacturera Central, S.A. de C.V.).** Para saber a qué o a quién se refiere la información contable.
- **Nombre del estado financiero.** En este caso se trata del estado de resultados.
- **Fecha.** Debido a que este estado financiero refleja la información de ingresos y egresos de un periodo determinado, este renglón incluye la fecha inicial y final de dicho periodo.

Ingresos

Entre los ingresos más importantes de las empresas están:

Ventas. Son todos los ingresos propios del giro de la empresa; por ejemplo, si nos referimos a un restaurante, todos los ingresos provenientes del cobro de platillos y bebidas representan las ventas.

Productos financieros. Corresponden a los ingresos de la empresa por concepto de intereses recibidos por cuentas bancarias e inversiones en valores.

Existen otros tipos de ingresos de las empresas que, cuando los montos son poco significativos respecto a las ventas, se registran en la cuenta de otros ingresos; sólo en el caso de que sean cuantiosos, conviene registrar el nombre del ingreso como otro rubro del estado de resultados. Algunos ejemplos son: arrendamientos, venta de activos, regalías cobradas, cobro de derechos, etcétera.

Egresos

Las cuentas más importantes que integran este grupo son:

Costos. Se refieren a los materiales que se compraron y utilizaron para poder realizar las ventas. En el caso del restaurante, los costos reflejan los alimentos y bebidas consumidos por los clientes.

Gastos. Son los egresos necesarios para mantener en funcionamiento a la empresa. Se dividen en tres grupos:

- *Gastos de administración.* Incluyen las remuneraciones al personal, seguridad social, sistema de ahorro para el retiro, vacaciones, aguinaldos y otras prestaciones.
- *Gastos de operación.* Son egresos necesarios para mantener en funcionamiento el local y las instalaciones; por ejemplo, renta o depreciación (si el inmueble es rentado o propio, respectivamente), mantenimiento, impuesto predial y pago de servicios como luz, agua y teléfono.
- *Gastos de venta.* Son aquellos que se realizan para promover las ventas o la distribución de la mercancía.

Gastos financieros. Son los pagos de intereses por concepto de préstamos bancarios, hipotecarios y de terceras personas, además de las comisiones cobradas por los bancos y por el uso de tarjeta de crédito cuando los clientes pagan por esa vía.

Impuesto sobre la renta. A la Secretaría de Hacienda y Crédito Público se le debe pagar cierto porcentaje respecto a la utilidad financiera; en la actualidad es de 34%. Para el cálculo de este impuesto es conveniente revisar la Ley del Impuesto Sobre la Renta vigente; dicho cálculo depende del tamaño de la empresa y su giro, además de otros factores previstos en la referida ley.

Utilidades

En el estado de resultados, entre las diversas sumas y restas de ingresos y egresos, se encuentra una serie de resultados parciales correspondientes a las utilidades: bruta, de operación, financiera y neta, que se describen a continuación:

Utilidad bruta. Es la ganancia del giro de la empresa. Se calcula restando el costo a las ventas.

Utilidad de operación. Es la ganancia de la empresa después de considerar las ventas, menos los costos y gastos.

Utilidad financiera. Es la ganancia de la empresa antes de impuestos, es decir, después de intereses.

Utilidad neta. Incluye todos los recursos ganados por la empresa, una vez descontados los costos, los gastos, los intereses y los impuestos. Como se mencionó al analizar el estado de situación, esta utilidad se utilizará en el capital social de la empresa, ya que corresponde a los recursos ganados por la empresa y que en ese momento se encuentran invertidos en cuentas de activo.

Capítulo 3

El registro de operaciones

En el capítulo anterior se respetó el enfoque tradicional para explicar el formato y las cuentas que conforman los estados financieros. En éste dejaremos a un lado los esquemas tradicionales y analizaremos la contabilidad de una manera totalmente distinta.

En las universidades aún se sigue enseñando la contabilidad con el sistema conocido como cuentas "T" que, de acuerdo con varios estudios, es literalmente olvidado por los estudiantes que cursan materias de contabilidad, pero cuyas carreras son ajenas a esta disciplina, cuando egresan de sus facultades. La razón probable es que con dicho sistema se utiliza la memoria (y no la lógica) como la herramienta básica para el aprendizaje de esta sencilla técnica.

En contraste, la lógica que se utilizará en este capítulo es muy similar a la que usan los programadores de los sistemas contables computacionales en la actualidad.

FUNDAMENTO LÓGICO

Para el registro de operaciones, los contadores se basan en un principio llamado "ley de partida doble", cuya definición es:

A todo cargo corresponde un abono.

Las palabras utilizadas son poco claras e incluso sugieren acciones opuestas a las que se están registrando; por ejemplo, al contabilizar el depósito de dinero en nuestra cuenta de banco, se debe cargar; y lo que se entiende por ello, es justamente lo contrario. Cuando se escucha la palabra *cargo*, ésta sugiere que nos están retirando recursos de nuestra cuenta.

En lugar de utilizar los conceptos tradicionales de la contabilidad, como "cargo", "abono", "debe o haber", utilizaremos dos palabras que en el campo contable representan lo mismo: obtención y aplicación. Por lo tanto, utilizaremos la "la ley de la partida doble" en su acepción financiera que dice:

Ante el registro de la aplicación de un recurso, también debe registrarse su obtención.

Esta definición resulta más larga, pero también más apropiada para entender, desde el punto de vista lógico, lo que se está registrando contablemente; por ejemplo, al depositar dinero en el banco, decimos que lo estamos aplicando; entonces, la descripción de la acción resulta más apegada a la realidad. De lo anterior, podemos deducir que:

La obtención de un recurso es equivalente al abono
y
la aplicación de un recurso es equivalente al cargo.

Además de la ley de la partida doble, existe otro principio fundamental en el registro de operaciones, la denominada "ecuación contable básica", que dice:

La suma del activo debe ser igual a la suma del pasivo más el capital.

Así, debemos entender que los recursos que la empresa tiene invertidos en el banco, los inventarios, mobiliario, edificio, etcétera, tuvieron que obtenerse de alguna parte, ya sea por medio de deudas (pasivo) o aportaciones de los socios o por la propia empresa (capital).

El hecho es que si se cumplen los dos principios básicos de la contabilidad mencionados anteriormente y se aplica la lógica, es posible registrar cualquier operación sin importar su dificultad.

Con el sistema de enseñanza tradicional de la contabilidad, los alumnos deducen que la ecuación contable básica no se cumple sino hasta después de registrar todas las operaciones. El resultado es que con frecuencia no cuadra el balance.

En la actualidad, con el uso de los sistemas de cómputo para el registro de la contabilidad en las empresas, cuando en una operación contable (registrada en una póliza) los orígenes de los recursos no son iguales a las aplicaciones, el sistema rechaza automáticamente ese registro. Por lo tanto, es imposible que el balance general no cuadre.

La metodología que se utiliza en este libro para registrar las operaciones es prácticamente idéntica a la de los sistemas de cómputo contables. Consiste en registrar directamente en los estados financieros todas las operaciones contables; de tal modo es posible identificar inmediatamente algún registro mal hecho.

A continuación se describen los tipos de orígenes y aplicaciones de recursos con que cuentan las empresas.

ORIGEN DE LOS RECURSOS

Todas las posibles fuentes de dinero que tiene la empresa conforman el origen de los recursos. Dicho de otra manera, son todos los lugares de donde puede obtenerse dinero. Existen cinco tipos de orígenes de los recursos:

Aumento de capital. Ocurre por lo común durante la fundación de la empresa, cuando los accionistas aportan dinero, o cuando por alguna circunstancia éstos tienen que financiar su crecimiento, mantenimiento o liquidación.

Aumento de pasivo. La empresa puede obtener recursos de otras personas o compañías: préstamos bancarios y créditos hipotecarios, o financiar la compra de mercancía por medio de los proveedores, etcétera.

Disminución de activo. La forma más sencilla de obtener recursos es por esta vía, ya que basta con retirar dinero de la caja o del banco. Otros ejemplos para obtener recursos por este medio son: vender un activo fijo, utilizar mercancía del almacén o cobrar una cuenta pendiente a un cliente.

Ingresos. Ésta es la forma más natural de obtener fondos para operar y hacer crecer una empresa; incluyen las ventas, los productos financieros y otros ingresos.

Disminución de egresos. Esta posibilidad es poco usual en las empresas, pero puede suceder cuando, por ejemplo, un cliente devuelve mercancía o se tiene saldo a favor de algún gasto, como agua, predial, teléfono, etcétera.

APLICACIÓN DE LOS RECURSOS

Es el destino final del dinero, las mercancías o los bienes de los que se desprenda la empresa. Está integrada por cinco grupos:

Aumento del activo. Cuando se compra un bien mueble o inmueble, se adquiere mercancía, se deposita en el banco o caja, o se invierte en algún valor, se están aplicando los recursos en el activo.

Disminución de pasivo. Se aplican recursos cuando se paga una deuda, por ejemplo a proveedores, al banco o el salario de los trabajadores.

Disminución de capital. Se ejerce cuando la empresa tiene pérdidas o en operaciones poco comunes, como cuando algunos socios se retiran de la empresa y las acciones se canjean o pagan por medio de deudas o con recursos propios.

Disminución de ingresos. Al igual que la disminución de egresos, son operaciones poco comunes; se observan, por ejemplo, cuando se le devuelve dinero a un cliente por la compra de una mercancía que finalmente no quiso.

Egresos. Se trata de la aplicación más frecuente en las empresas; sucede cuando se gasta en sueldos o servicios (teléfono o agua), o cuando se utiliza mercancía para realizar alguna venta.

REGISTRO EN EL BALANCE GENERAL

A partir de aquí empezaremos a registrar las operaciones contables de la empresa. Comenzaremos por las más sencillas, que por lo regular sólo acontecen durante la formación de la empresa e involucran únicamente cuentas de activo, pasivo y capital.

Para el registro, utilizaremos un balance general (estado de situación) y, el ejemplo de una empresa en formación. Para centrar la atención en los cambios que tiene el estado después de cada operación, se omitirá el rótulo principal, sin que por ello se entienda que no es necesario.

La primera operación contable de las empresas es la aportación de capital inicial de los socios, dinero que se deposita por lo regular en una cuenta bancaria. Supongamos que dicho monto es de 10,000 pesos.

En este caso, los recursos se obtienen del *capital social* y se aplican en la cuenta del *banco*. Su registro es el siguiente:

ACTIVO		PASIVO	
CIRCULANTE		A CORTO PLAZO	
Caja		Salarios por pagar	
Bancos	**10,000**	Proveedores	
Clientes		Acreedores diversos	
Inventarios			
		A LARGO PLAZO	
FIJO		Préstamo bancario	
Equipo de transporte		Préstamo hipotecario	
Equipo de oficina			
Maquinaria		SUMA EL PASIVO	
Edificio			
Terreno		CAPITAL CONTABLE	
		Capital social	**10,000**
INTANGIBLE		Utilidades de ejercicios anteriores	
Seguros pagados por anticipado		Utilidad del ejercicio	
Depósitos en garantía			
Marca registrada		SUMA EL CAPITAL	10,000
SUMA EL ACTIVO	10,000	SUMA EL P. MÁS C.	10,000

Los movimientos afectaron las cuentas de *bancos* (lado izquierdo del balance) y *capital* (lado derecho) por partes iguales, por lo que evidentemente el balance cuadrará; es decir, la suma del activo será idéntica a la suma del pasivo más el capital.

Para hacer más claro el registro se resaltan en negritas los movimientos.

El registro en la póliza contable será el siguiente:

CONCEPTO	**DEBE**	**HABER**
Capital		10,000
Bancos	10,000	
Sumas iguales	10,000	10,000

La segunda operación contable es la compra de un terreno con dinero que tenemos en nuestra cuenta bancaria. Supongamos que dicho monto es de 2,000 pesos.

En este caso, los recursos se obtienen del *activo (bancos)* y se aplican en la cuenta del *terreno*. Su registro es el siguiente:

ACTIVO		PASIVO	
CIRCULANTE		A CORTO PLAZO	
Caja		Salarios por pagar	
Bancos	10,000–**2,000**	Proveedores	
Clientes		Acreedores diversos	
Inventarios			
		A LARGO PLAZO	
FIJO		Préstamo bancario	
Equipo de transporte		Préstamo hipotecario	
Equipo de oficina			
Maquinaria		SUMA EL PASIVO	
Edificio			
Terreno	**2,000**	CAPITAL CONTABLE	
		Capital social	10,000
INTANGIBLE		Utilidades de ejercicios anteriores	
Seguros pagados por anticipado		Utilidad del ejercicio	
Depósitos en garantía			
Marca registrada		SUMA EL CAPITAL	10,000
SUMA EL ACTIVO	10,000	SUMA EL PASIVO MÁS C.	10,000

Los movimientos afectaron las cuentas de *bancos* (lado izquierdo del balance) y *terreno* (también lado izquierdo) por partes iguales: una en sentido positivo y la otra en negativo, por lo que evidentemente el balance cuadrará, es decir, la suma del activo será idéntica a la suma del pasivo más el capital.

El registro en la póliza contable será el siguiente:

CONCEPTO	**DEBE (APLICACIÓN)**	**HABER (OBTENCIÓN)**
Bancos		2,000
Terreno	2,000	
Sumas iguales	2,000	2,000

La tercera operación contable es el registro de la construcción de un edificio con dinero de nuestra cuenta bancaria. Supongamos que dicho monto es de 3,000 pesos.

En este caso, los recursos se obtienen del *activo (bancos)* y se aplican en la cuenta del *edificio*. Su registro es el siguiente:

ACTIVO		PASIVO	
CIRCULANTE		A CORTO PLAZO	
Caja		Salarios por pagar	
Bancos	8,000–**3,000**	Proveedores	
Clientes		Acreedores diversos	
Inventarios			
		A LARGO PLAZO	
FIJO		Préstamo bancario	
Equipo de transporte		Préstamo hipotecario	
Equipo de oficina			
Maquinaria		SUMA EL PASIVO	
Edificio	**3,000**		
Terreno	2,000	CAPITAL CONTABLE	
		Capital social	10,000
INTANGIBLE		Utilidades de ejercicios anteriores	
Seguros pagados por anticipado		Utilidad del ejercicio	
Depósitos en garantía			
Marca registrada		SUMA EL CAPITAL	10,000
SUMA EL ACTIVO	10,000	SUMA EL P. MÁS C.	10,000

Los movimientos afectaron las cuentas de *bancos* (lado izquierdo del balance) y *edificio* (también lado izquierdo) por partes iguales: una en sentido positivo y la otra en negativo, por lo que evidentemente el balance cuadrará, es decir, la suma del activo será idéntica a la suma del pasivo más el capital.

El registro en la póliza contable será el siguiente:

CONCEPTO	DEBE (APLICACIÓN)	HABER (OBTENCIÓN)
Bancos		3,000
Edificio	3,000	
Sumas iguales	3,000	3,000

La cuarta operación contable es la compra de maquinaria, pero en esta ocasión, en lugar de utilizar recursos propios, nos financiaremos de la empresa que nos vende el equipo. Supongamos que dicha compra corresponde a 1,500 pesos.

En este caso, los recursos se obtienen del *pasivo (acreedores diversos)* y se aplican en la cuenta de *maquinaria*. Su registro es el siguiente:

ACTIVO		PASIVO	
CIRCULANTE		A CORTO PLAZO	
Caja		Salarios por pagar	
Bancos	5,000	Proveedores	
Clientes		Acreedores diversos	**1,500**
Inventarios			
		A LARGO PLAZO	
FIJO		Préstamo bancario	
Equipo de transporte		Préstamo hipotecario	
Equipo de oficina			
Maquinaria	**1,500**	SUMA EL PASIVO	1,500
Edificio	3,000		
Terreno	2,000	CAPITAL CONTABLE	
		Capital social	10,000
INTANGIBLE		Utilidades de ejercicios anteriores	
Seguros pagados por anticipado		Utilidad del ejercicio	
Depósitos en garantía			
Marca registrada		SUMA EL CAPITAL	10,000
SUMA EL ACTIVO	11,500	SUMA EL P. MÁS C.	11,500

Los movimientos afectaron las cuentas de *acreedores diversos* (lado derecho del balance) y *maquinaria* (lado izquierdo) por partes iguales, por lo que el balance cuadrará, es decir, la suma del activo será idéntica a la suma del pasivo más el capital.

El registro en la póliza contable será el siguiente:

CONCEPTO	DEBE (APLICACIÓN)	HABER (OBTENCIÓN)
A. diversos		1,500
Maquinaria	1,500	
Sumas iguales	1,500	1,500

La quinta operación contable es la compra de materia prima, y en esta ocasión también nos financiaremos de la empresa que nos vende los materiales, la cual se incluye en proveedores. Supongamos que dicha compra es de 300 pesos.

En este caso, los recursos se obtienen del *pasivo (proveedores)* y se aplican en la cuenta *inventarios*. Su registro es el siguiente:

ACTIVO		PASIVO	
CIRCULANTE		A CORTO PLAZO	
Caja		Salarios por pagar	
Bancos	5,000	Proveedores	**300**
Clientes		Acreedores diversos	1,500
Inventarios	**300**		
		A LARGO PLAZO	
FIJO		Préstamo bancario	
Equipo de transporte		Préstamo hipotecario	
Equipo de oficina			
Maquinaria	1,500	SUMA EL PASIVO	1,800
Edificio	3,000		
Terreno	2,000	CAPITAL CONTABLE	
		Capital social	10,000
INTANGIBLE		Utilidades de ejercicios anteriores	
Seguros pagados por anticipado		Utilidad del ejercicio	
Depósitos en garantía			
Marca registrada		SUMA EL CAPITAL	10,000
SUMA EL ACTIVO	11,800	SUMA EL P. MÁS C.	11,800

Los movimientos afectaron las cuentas de *proveedores* (lado derecho del balance) e *inventarios* (lado izquierdo) por partes iguales, por lo que el balance cuadrará, es decir, la suma del activo será idéntica a la suma del pasivo más el capital.

El registro en la póliza contable será el siguiente:

CONCEPTO	DEBE (APLICACIÓN)	HABER (OBTENCIÓN)
Proveedores		300
Inventarios	300	
Sumas iguales	300	300

La sexta operación contable es el pago de una parte de la deuda que tenemos con los acreedores diversos, utilizando recursos del banco. Supongamos que el pago es de 500 pesos.

En este caso, los recursos se obtienen del *pasivo (proveedores)* y se aplican en la cuenta *inventarios*. Su registro es el siguiente:

ACTIVO		PASIVO	
CIRCULANTE		A CORTO PLAZO	
Caja		Salarios por pagar	
Bancos	5,000–**500**	Proveedores	300
Clientes		Acreedores diversos	1,500–**500**
Inventarios	300		
		A LARGO PLAZO	
FIJO		Préstamo bancario	
Equipo de transporte		Préstamo hipotecario	
Equipo de oficina			
Maquinaria	1,500	SUMA EL PASIVO	1,300
Edificio	3,000		
Terreno	2,000	CAPITAL CONTABLE	
		Capital social	10,000
INTANGIBLE		Utilidades de ejercicios anteriores	
Seguros pagados por anticipado		Utilidad del ejercicio	
Depósitos en garantía			
Marca registrada		SUMA EL CAPITAL	10,000
SUMA EL ACTIVO	11,300	SUMA EL P. MÁS C.	11,300

Los movimientos afectaron las cuentas de *acreedores diversos* (lado derecho del balance) y *bancos* (lado izquierdo) por partes iguales, por lo que el balance cuadrará, es decir, la suma del activo será idéntica a la suma del pasivo más el capital.

El registro en la póliza contable será el siguiente:

CONCEPTO	DEBE (APLICACIÓN)	HABER (OBTENCIÓN)
Bancos		500
A. diversos	500	
Sumas iguales	500	500

La séptima operación contable es la compra de equipo de oficina, para la cual utilizaremos recursos de nuestra cuenta de banco. Supongamos que la compra es por 200 pesos.

En este caso, los recursos se obtienen del *activo (bancos)* y se aplican en la cuenta *equipo de oficina*. Su registro es el siguiente:

ACTIVO	
CIRCULANTE	
Caja	
Bancos	4,500–**200**
Clientes	
Inventarios	300
FIJO	
Equipo de transporte	
Equipo de oficina	**200**
Maquinaria	1,500
Edificio	3,000
Terreno	2,000
INTANGIBLE	
Seguros pagados por anticipado	
Depósitos en garantía	
Marca registrada	
SUMA EL ACTIVO	11,300

PASIVO	
A CORTO PLAZO	
Salarios por pagar	
Proveedores	300
Acreedores diversos	1,000
A LARGO PLAZO	
Préstamo bancario	
Préstamo hipotecario	
SUMA EL PASIVO	1,300
CAPITAL CONTABLE	
Capital social	10,000
Utilidades de ejercicios anteriores	
Utilidad del ejercicio	
SUMA EL CAPITAL	10,000
SUMA EL P. MÁS C.	11,300

Los movimientos afectaron las cuentas de *bancos* (lado izquierdo del balance) y *equipo de oficina* (también lado izquierdo) por partes iguales: una en sentido positivo y la otra en negativo, por lo que evidentemente el balance cuadrará, es decir, la suma del activo será idéntica a la suma del pasivo más el capital.

El registro en la póliza contable será el siguiente:

CONCEPTO	**DEBE (APLICACIÓN)**	**HABER (OBTENCIÓN)**
Bancos		200
E. de oficina	200	
Sumas iguales	200	200

La octava operación contable es la compra de equipo de transporte, pero en esta ocasión utilizaremos recursos aportados por los socios. Supongamos que la compra es por 400 pesos.

En este caso, los recursos se obtienen del *capital (capital social)* y se aplican en la cuenta *equipo de transporte*. Su registro es el siguiente:

ACTIVO		PASIVO	
CIRCULANTE		A CORTO PLAZO	
Caja		Salarios por pagar	
Bancos	4,300	Proveedores	300
Clientes		Acreedores diversos	1,000
Inventarios	300		
		A LARGO PLAZO	
FIJO		Préstamo bancario	
Equipo de transporte	**400**	Préstamo hipotecario	
Equipo de oficina	200		
Maquinaria	1,500	SUMA EL PASIVO	1,300
Edificio	3,000		
Terreno	2,000	CAPITAL CONTABLE	
		Capital social	10,000+**400**
INTANGIBLE		Utilidades de ejercicios anteriores	
Seguros pagados por anticipado		Utilidad del ejercicio	
Depósitos en garantía			
Marca registrada		SUMA EL CAPITAL	10,400
SUMA EL ACTIVO	11,700	SUMA EL P. MÁS C.	11,700

Los movimientos afectaron las cuentas de *capital* (lado derecho del balance) y *equipo de transporte* (lado izquierdo) por partes iguales, por lo que el balance cuadrará, es decir, la suma del activo será idéntica a la suma del pasivo más el capital.

El registro en la póliza contable será el siguiente:

CONCEPTO	DEBE (APLICACIÓN)	HABER (OBTENCIÓN)
Capital		400
E. de transporte	400	
Sumas iguales	400	400

La novena operación contable es la compra de un seguro para el equipo de transporte, para lo cual utilizaremos recursos de nuestra cuenta bancaria. Supongamos que la compra es por 10 pesos.

En este caso, los recursos se obtienen del *activo (bancos)* y se aplican en la cuenta de *seguros pagados por anticipado*. Su registro es el siguiente:

ACTIVO		PASIVO	
CIRCULANTE		A CORTO PLAZO	
Caja		Salarios por pagar	
Bancos	4,300–**10**	Proveedores	300
Clientes		Acreedores diversos	1,000
Inventarios	300		
		A LARGO PLAZO	
FIJO		Préstamo bancario	
Equipo de transporte	400	Préstamo hipotecario	
Equipo de oficina	200		
Maquinaria	1,500	SUMA EL PASIVO	1,300
Edificio	3,000		
Terreno	2,000	CAPITAL CONTABLE	
		Capital social	10,400
INTANGIBLE		Utilidades de ejercicios anteriores	
Seguros pagados por anticipado	**10**	Utilidad del ejercicio	
Depósitos en garantía			
Marca registrada		SUMA EL CAPITAL	10,400
SUMA EL ACTIVO	11,700	SUMA EL P. MÁS C.	11,700

Los movimientos afectaron las cuentas de *bancos* (lado izquierdo del balance) y *seguros pagados por anticipado* (también lado izquierdo) por partes iguales: una en sentido positivo y la otra en negativo, por lo que evidentemente el balance cuadrará, es decir, la suma del activo será idéntica a la suma del pasivo más el capital.

El registro en la póliza contable será el siguiente:

CONCEPTO	DEBE (APLICACIÓN)	HABER (OBTENCIÓN)
Banco		10
Seg. pag. por ant.	10	
Sumas iguales	10	10

La décima operación contable es la adquisición en comodato de una máquina para café, con el compromiso de consumir el producto a determinado proveedor; para ello se deberá entregar un depósito para garantizar el perfecto estado del aparato, suma que obtendremos también de nuestra cuenta bancaria. Supongamos que el depósito es por 5 pesos.

En este caso, los recursos se obtienen del *activo (bancos)* y se aplican en la cuenta *depósitos en garantía*. Su registro es el siguiente:

ACTIVO		PASIVO	
CIRCULANTE		A CORTO PLAZO	
Caja		Salarios por pagar	
Bancos	4,290–5	Proveedores	300
Clientes		Acreedores diversos	1,000
Inventarios	300		
		A LARGO PLAZO	
FIJO		Préstamo bancario	
Equipo de transporte	400	Préstamo hipotecario	
Equipo de oficina	200		
Maquinaria	1,500	SUMA EL PASIVO	1,300
Edificio	3,000		
Terreno	2,000	CAPITAL CONTABLE	
		Capital social	10,400
INTANGIBLE		Utilidades de ejercicios anteriores	
Seguros pagados por anticipado	10	Utilidad del ejercicio	
Depósitos en garantía	**5**		
Marca registrada		SUMA EL CAPITAL	10,400
SUMA EL ACTIVO	11,700	SUMA EL P. MÁS C.	11,700

Los movimientos afectaron las cuentas de *bancos* (lado izquierdo del balance) y *depósitos en garantía* (también lado izquierdo) por partes iguales: una en sentido positivo y la otra en negativo, por lo que evidentemente el balance cuadrará, es decir, la suma del activo será idéntica a la suma del pasivo más el capital.

El registro en la póliza contable será el siguiente:

CONCEPTO	**DEBE (APLICACIÓN)**	**HABER (OBTENCIÓN)**
Banco		5
Dep. en garantía	5	
Sumas iguales	5	5

La onceava operación contable es la adquisición de un terreno para utilizarlo como estacionamiento. En esta ocasión utilizaremos dos orígenes de recursos para financiar la operación. Supongamos que el terreno vale 4,000 pesos, de los cuales pagamos 1,500 de nuestra cuenta bancaria y el resto con un crédito hipotecario.

En este caso, los recursos se obtienen del *activo (bancos)* y del *pasivo (préstamos hipotecarios)*, y se aplican en la cuenta *terreno*. Su registro es el siguiente:

ACTIVO		PASIVO	
CIRCULANTE		A CORTO PLAZO	
Caja		Salarios por pagar	
Bancos	4,285–**1,500**	Proveedores	300
Clientes		Acreedores diversos	1,000
Inventarios	300		
		A LARGO PLAZO	
FIJO		Préstamo bancario	
Equipo de transporte	400	Préstamo hipotecario	**2,500**
Equipo de oficina	200		
Maquinaria	1,500	SUMA EL PASIVO	3,800
Edificio	3,000		
Terreno	2,000+**4,000**	CAPITAL CONTABLE	
		Capital social	10,400
INTANGIBLE		Utilidades de ejercicios anteriores	
Seguros pagados por anticipado	10	Utilidad del ejercicio	
Depósitos en garantía	5		
Marca registrada		SUMA EL CAPITAL	10,400
SUMA EL ACTIVO	14,200	SUMA EL P. MÁS C.	14,200

Los movimientos afectaron las cuentas de *bancos* (lado izquierdo del balance) y *terreno* (también lado izquierdo), además del *crédito hipotecario* (lado derecho); los lados izquierdo y derecho aumentaron en forma neta 2,500 (4,000 –1,500 y 2,500, respectivamente), por lo que evidentemente el balance cuadrará, es decir, la suma del activo será idéntica a la suma del pasivo más el capital.

El registro en la póliza contable será el siguiente:

CONCEPTO	DEBE (APLICACIÓN)	HABER (OBTENCIÓN)
Banco		1,500
Prést. hipotecario		2,500
Terreno	4,000	
Sumas iguales	4,000	4,000

La última operación contable del balance general es la contratación de un préstamo bancario por 3,200 pesos, con los cuales compraremos más maquinaria con un valor de 1,800 pesos, registraremos nuestra marca por 5 pesos, pagaremos a los acreedores 500 pesos y el resto lo depositaremos en el banco.

Aunque una operación de este tipo es poco común en una empresa, la registraremos para comprobar que utilizando la lógica y los dos principios básicos, se cumple con la igualdad en el balance.

En este caso, los recursos se obtienen del *pasivo (préstamo bancario)* y se aplican en *maquinaria (activo), marca registrada (activo), pago de acreedores (pasivo)* y *banco (activo)*. Su registro es el siguiente:

ACTIVO		PASIVO	
CIRCULANTE		A CORTO PLAZO	
Caja		Salarios por pagar	
Bancos	2,785+**895**	Proveedores	300
Clientes		Acreedores diversos	1,000–**500**
Inventarios	300		
		A LARGO PLAZO	
FIJO		Préstamo bancario	**3,200**
Equipo de transporte	400	Préstamo hipotecario	2,500
Equipo de oficina	200		
Maquinaria	1,500+**1,800**	SUMA EL PASIVO	6,500
Edificio	3,000		
Terreno	6,000	CAPITAL CONTABLE	
		Capital social	10,400
INTANGIBLE		Utilidades de ejercicios anteriores	
Seguros pagados por anticipado	10	Utilidad del ejercicio	
Depósitos en garantía	5		
Marca registrada	**5**	SUMA EL CAPITAL	10,400
SUMA EL ACTIVO	16,900	SUMA EL P. MÁS C.	16,900

Los movimientos afectaron las cuentas de *bancos, maquinaria* y *marca registrada* (lado izquierdo del balance), además del *préstamo bancario* y *acreedores diversos* (lado derecho); los lados izquierdo y derecho aumentaron en forma neta 2,700 (895+1,800+5 y 3,200–500, respectivamente), por lo que evidentemente el balance cuadrará, es decir, la suma del activo será idéntica a la suma del pasivo más el capital.

El registro en la póliza contable será el siguiente:

CONCEPTO	DEBE (APLICACIÓN)	HABER (OBTENCIÓN)
Préstamo bancario		3,200
Acreed. diversos	500	
Bancos	895	
Maquinaria	1.800	
Marca registrada	5	
Sumas iguales	3,200	3,200

Después de las operaciones registradas, nuestro balance general queda de la siguiente forma (incluyendo, rótulo principal):

MANUFACTURERA CENTRAL, S.A. DE C.V.
BALANCE GENERAL
Al 31 de diciembre de 2002

ACTIVO		PASIVO	
CIRCULANTE		A CORTO PLAZO	
Caja		Salarios por pagar	
Bancos	3,680	Proveedores	300
Clientes		Acreedores diversos	500
Inventarios	300		
		A LARGO PLAZO	
FIJO		Préstamo bancario	3,200
Equipo de transporte	400	Préstamo hipotecario	2,500
Equipo de oficina	200		
Maquinaria	3,300	SUMA EL PASIVO	6,500
Edificio	3,000		
Terreno	6,000	CAPITAL CONTABLE	
		Capital social	10,400
INTANGIBLE		Utilidades de ejercicios anteriores	
Seguros pagados por anticipado	10	Utilidad del ejercicio	
Depósitos en garantía	5		
Marca registrada	5	SUMA EL CAPITAL	10,400
SUMA EL ACTIVO	16,900	SUMA EL P. MÁS C.	16,900

Una manera práctica y sencilla de leer este estado financiero sería: la empresa Manufacturera Central, S.A. de C.V., al 31 de diciembre de 2002 valía 16,900 pesos, dinero que estaba invertido en bancos (3,680), inventarios (300), equipo de transporte (400), equipo de oficina (200), maquinaria (3,300), edificio (3,000), terreno (6,000), seguros (10), depósitos en garantía (5) y en su marca registrada (5).

De esos recursos, aún debe 6,500, de los cuales 300 son a proveedores, 500 a acreedores, 3,200 a préstamo bancario y 2,500 a crédito hipotecario. El resto (10,400) es dinero que pertenece a la empresa y a sus socios.

Como se pudo observar, el registro en el balance general es mucho más simple y sencillo de lo que se podría explicar utilizando las cuentas "T"; y como se mencionó, con sólo aplicar la ecuación contable básica (activo = pasivo + capital) y la ley de la partida doble (a toda aplicación corresponde una obtención), se puede registrar cualquier operación, por compleja que sea.

REGISTRO EN EL ESTADO DE RESULTADOS

Hasta el momento sólo se han registrado operaciones de obtención y aplicación de recursos que involucran cuentas de activo, pasivo y capital. Muchos de los errores de los contadores al registrar la contabilidad en forma manual se dan cuando incluyen operaciones de ingresos y egresos, es decir, del estado de resultados.

Finalmente la lógica es la misma (ecuación contable básica y ley de la partida doble). El único "truco" es que realmente el estado de resultados es un estado financiero complementario al balance general, y la utilidad que resulte de restar ingresos y egresos deberá ser "traspasada" al balance en la cuenta de utilidad del ejercicio.

Para este ejemplo utilizaremos la misma empresa del punto anterior, sólo que ahora registraremos operaciones en los dos estados de manera simultánea. También se resaltarán los números asentados, y se explicará y detallará de manera breve el registro en la póliza contable, que es donde realmente se registra la contabilidad y, a partir de esto, se captura la información en las computadoras.

Vale la pena aclarar que no se utilizarán los rótulos principales de los dos estados financieros, pero sí deben aparecer; además, se utilizará un estado de resultados simplificado, que no incluye utilidades intermedias, sino sólo la utilidad financiera y neta.

La primera operación consistirá en registrar todos los gastos que la empresa tuvo antes de comenzar a vender, aunque no los haya pagado. Supongamos que la empresa contaba con varios trabajadores, a los cuales se les adeuda un salario que asciende a 20 pesos.

La obtención (origen) es un *salario por pagar* (pasivo) y la aplicación es en *gasto* (estado de resultados). Se le considera origen porque estamos obteniendo un beneficio por medio de la deuda hacia los trabajadores. Su registro será el siguiente:

BALANCE GENERAL

ACTIVO		PASIVO	
CIRCULANTE		A CORTO PLAZO	
Caja		Salarios por pagar	**20**
Bancos	3,680	Proveedores	300
Clientes		Acreedores diversos	500
Inventarios	300		
		A LARGO PLAZO	
FIJO		Préstamo bancario	3,200
Equipo de transporte	400	Préstamo hipotecario	2,500
Equipo de oficina	200		
Maquinaria	3,300	SUMA EL PASIVO	6,520
Edificio	3,000		
Terreno	6,000	CAPITAL CONTABLE	
		Capital social	10,400
INTANGIBLE		Utilidades de ejercicios anteriores	
Seguros pagados por anticipado	10	Utilidad del ejercicio	–20
Depósitos en garantía	5		
Marca registrada	5	SUMA EL CAPITAL	10,380
SUMA EL ACTIVO	16,900	SUMA EL P. MÁS C.	16,900

ESTADO DE RESULTADOS

Ventas	
–Costos	
–Gastos	**20**
+Productos financieros	
–Gastos financieros	
=Utilidad financiera	–20
–Impuesto sobre la renta	
–Reparto de utilidades	
=Utilidad neta	–20

La línea punteada se utiliza para recordar que la utilidad neta del estado de resultados afecta directamente la utilidad del ejercicio del balance general.

Los movimientos afectaron las cuentas *salarios por pagar* (lado derecho del balance) y *gastos* (estado de resultados), que a fin de cuentas afecta la utilidad del ejercicio (lado derecho) por partes iguales: una en sentido positivo y la otra en negativo, por lo que evidentemente cuadrará el balance, es decir, la suma del activo será idéntica a la suma del pasivo más el capital.

La póliza quedará registrada de la siguiente forma:

CONCEPTO	**DEBE (APLICACIÓN)**	**HABER (OBTENCIÓN)**
Salarios por pagar		20
Gastos	20	
Sumas iguales	20	20

La segunda operación consistirá en registrar los intereses que obtuvo la empresa. Supongamos que al recibir el estado de cuenta, éste reporta intereses recibidos que ascienden a 2 pesos.

La obtención (origen) es un *producto financiero* (ingreso del estado de resultados) y la aplicación es en *bancos* (estado de situación). Se le considera origen porque estamos obteniendo dinero debido a que el banco utilizó nuestros recursos. Su registro será el siguiente:

BALANCE GENERAL

ACTIVO		PASIVO	
CIRCULANTE		A CORTO PLAZO	
Caja		Salarios por pagar	20
Bancos	3,680+2	Proveedores	300
Clientes		Acreedores diversos	500
Inventarios	300		
		A LARGO PLAZO	
FIJO		Préstamo bancario	3,200
Equipo de transporte	400	Préstamo hipotecario	2,500
Equipo de oficina	200		
Maquinaria	3,300	SUMA EL PASIVO	6,520
Edificio	3,000		
Terreno	6,000	CAPITAL CONTABLE	
INTANGIBLE		Utilidades de	
Seguros pagados		ejercicios anteriores	

(*continúa*)

por anticipado	10	Utilidad del ejercicio	**–18**
Depósitos en garantía	5		
Marca registrada	5	SUMA EL CAPITAL	10,382
SUMA EL ACTIVO	16,902	SUMA EL P. MÁS C.	16,902

ESTADO DE RESULTADOS

Ventas	
–Costos	
–Gastos	20
+Productos financieros	2
–Gastos financieros	
=Utilidad financiera	–18
–Impuesto sobre la renta	
–Reparto de utilidades	
=Utilidad neta	–18

Los movimientos afectaron las cuentas *bancos* (lado izquierdo del balance) y *productos financieros* (estado de resultados), que a fin de cuentas afectan la utilidad del ejercicio (lado derecho) por partes iguales, por lo que evidentemente el balance cuadrará, es decir, la suma del activo será idéntica a la suma del pasivo más el capital.

La póliza quedará registrada de la siguiente forma:

CONCEPTO	DEBE (APLICACIÓN)	HABER (OBTENCIÓN)
Prod. financieros		2
Bancos	2	
Sumas iguales	2	2

La tercera operación consistirá en registrar los intereses que la empresa tuvo que absorber por el préstamo bancario. Supongamos que al recibir el estado de cuenta del referido préstamo, se reportan intereses acumulados no pagados (porque así se pactó desde un principio) que ascienden a 82 pesos.

La obtención (origen) es un *préstamo bancario* (*pasivo*) y la aplicación es en *gastos financieros* (*egreso* del estado de resultados). Su registro será el siguiente:

BALANCE GENERAL

ACTIVO		PASIVO	
CIRCULANTE		A CORTO PLAZO	
Caja		Salarios por pagar	20
Bancos	3,682	Proveedores	300
Clientes		Acreedores diversos	500
Inventarios	300		
		A LARGO PLAZO	
FIJO		Préstamo bancario	3,200+**82**
Equipo de transporte	400	Préstamo hipotecario	2,500
Equipo de oficina	200		
Maquinaria	3,300	SUMA EL PASIVO	6,602
Edificio	3,000		
Terreno	6,000	CAPITAL CONTABLE	
		Capital social	10,400
INTANGIBLE		Utilidades de ejercicios anteriores	
Seguros pagados por anticipado	10	Utilidad del ejercicio	–100
Depósitos en garantía	5		
Marca registrada	5	SUMA EL CAPITAL	10,382
SUMA EL ACTIVO	16,902	SUMA EL P. MÁS C.	16,902

ESTADO DE RESULTADOS

Ventas	
–Costos	
–Gastos	20
+Productos financieros	2
–Gastos financieros	**82**
=Utilidad financiera	–100
–Impuesto sobre la renta	
–Reparto de utilidades	
=Utilidad neta	–100

Los movimientos afectaron el *préstamo bancario* (lado derecho del balance) y los *gastos financieros* (estado de resultados), que a fin de cuentas afectan la utilidad del ejercicio (también lado derecho) por partes iguales, pero con signos diferentes, por lo que evidentemente el balance cuadrará, es decir, la suma del activo será idéntica a la suma del pasivo más el capital.

La póliza quedará registrada de la siguiente forma:

CONCEPTO	DEBE (APLICACIÓN)	HABER (OBTENCIÓN)
Préstamo bancario		12
G. financieros	12	
Sumas iguales	12	12

La cuarta operación consistirá en registrar las ventas que la empresa tuvo en sus primeros días de operación. Supongamos que los primeros ingresos, producto de las ventas de mercancía, ascienden a 90 pesos, los cuales se pagaron en efectivo.

La obtención (origen) es una *venta* (ingreso del estado de resultados) y la aplicación es en *caja* (balance general). Su registro será el siguiente:

BALANCE GENERAL

ACTIVO		PASIVO	
CIRCULANTE		A CORTO PLAZO	
Caja	**90**	Salarios por pagar	20
Bancos	3,682	Proveedores	300
Clientes		Acreedores diversos	500
Inventarios	300		
		A LARGO PLAZO	
FIJO		Préstamo bancario	3,282
Equipo de transporte	400	Préstamo hipotecario	2,500
Equipo de oficina	200		
Maquinaria	3,300	SUMA EL PASIVO	6,602
Edificio	3,000		
Terreno	6,000	CAPITAL CONTABLE	
		Capital social	10,400

(coninúa)

INTANGIBLE		Utilidades de ejercicios anteriores	
Seguros pagados por anticipado	10	Utilidad del ejercicio	–10
Depósitos en garantía	5		
Marca registrada	5	SUMA EL CAPITAL	10,390
SUMA EL ACTIVO	16,992	SUMA EL P. MÁS C.	16,992

ESTADO DE RESULTADOS

Ventas	**90**
–Costos	
–Gastos	20
+Productos financieros	2
–Gastos financieros	82
=Utilidad financiera	–10
–Impuesto sobre la renta	
–Reparto de utilidades	
=Utilidad neta	–10

Los movimientos afectaron la *caja* (lado izquierdo del balance) y las *ventas* (estado de resultados), que a fin de cuentas afectan la utilidad del ejercicio (lado derecho del balance) por partes iguales, por lo que evidentemente el balance cuadrará, es decir, la suma del activo será idéntica a la suma del pasivo más el capital.

La póliza quedará registrada de la siguiente forma:

CONCEPTO	DEBE (APLICACIÓN)	HABER (OBTENCIÓN)
Ventas		90
Caja	90	
Sumas iguales	90	90

Cuando se realiza una venta, por un lado el cliente paga por la mercancía entregada, y por el otro, la empresa se la entrega. Se trata de dos operaciones, cada una de ellas con su propio origen y aplicación. A continuación se expresan gráficamente ambas operaciones.

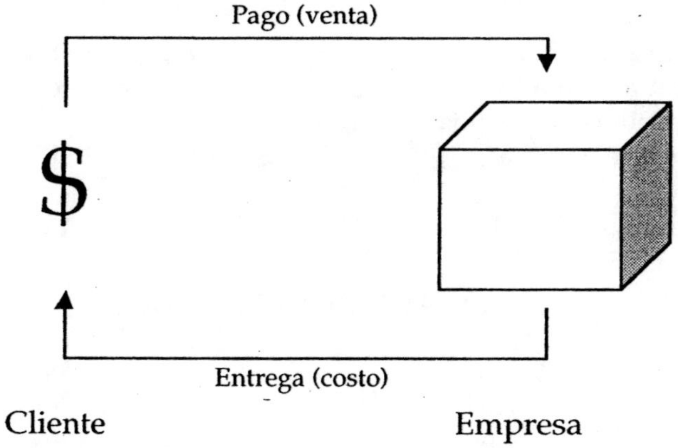

En la operación anterior sólo se registró el pago del cliente (venta) y su depósito en la caja. A continuación se describe y registra la entrega de la mercancía (costo).

La quinta operación consistirá en registrar el costo de las ventas que la empresa tuvo en sus primeros días de operaciones. Supongamos que los primeros costos, producto de las ventas de mercancía, ascienden a 40 pesos; la mercancía, obviamente, fue tomada del almacén.

La obtención (origen) es el *valor de las mercancías utilizadas* (activo del balance general) y la aplicación es en *costo* (estado de resultados). Su registro será el siguiente:

BALANCE GENERAL

ACTIVO		PASIVO	
CIRCULANTE		A CORTO PLAZO	
Caja	90	Salarios por pagar	20
Bancos	3,682	Proveedores	300
Clientes		Acreedores diversos	500
Inventarios	300–**40**		
		A LARGO PLAZO	
FIJO		Préstamo bancario	3,282
Equipo de transporte	400	Préstamo hipotecario	2,500
Equipo de oficina	200		
Maquinaria	3,300	SUMA EL PASIVO	6,602
Edificio	3,000		
Terreno	6,000	CAPITAL CONTABLE	
		Capital social	10,400

(*continúa*)

INTANGIBLE		Utilidades de	
Seguros pagados		ejercicios anteriores	
por anticipado	10	Utilidad del ejercicio	–50
Depósitos en garantía	5		
Marca registrada	5	SUMA EL CAPITAL	10,350
SUMA EL ACTIVO	16,952	SUMA EL P. MÁS C.	16,952

ESTADO DE RESULTADOS

Ventas	90
–Costos	**40**
–Gastos	20
+Productos financieros	2
–Gastos financieros	82
=Utilidad financiera	–50
–Impuesto sobre la renta	
–Reparto de utilidades	
=Utilidad neta	–50

Los movimientos afectaron el *almacén* (lado izquierdo del balance) y los *costos* (estado de resultados), que a fin de cuentas afectan la utilidad del ejercicio (lado derecho del balance) por partes iguales, por lo que evidentemente el balance cuadrará, es decir, la suma del activo será idéntica a la suma del pasivo más el capital.

La póliza quedará registrada de la siguiente forma:

CONCEPTO	DEBE (APLICACIÓN)	HABER (OBTENCIÓN)
Inventarios		40
Costo	40	
Sumas iguales	40	40

El cálculo del costo dependerá del tipo de empresa de que se trate. Este procedimiento se analiza en el capítulo 5.

Debido a que se trata de la operación más compleja dentro de la contabilidad, registraremos otra venta adicional, donde la forma de pago es variada con su respectivo costo.

La sexta operación consistirá en registrar las ventas que la empresa tuvo en los siguientes días de operación. Supongamos que el producto de la venta de mercancía asciende a 200 pesos, los cuales se pagaron de la siguiente forma: 20 en efectivo, 120 con cheques y 60 a crédito.

La obtención (origen) es una *venta* (ingreso del estado de resultados) y la aplicación es en *caja, bancos* y *clientes* (balance general). Su registro será el siguiente:

BALANCE GENERAL

ACTIVO		PASIVO	
CIRCULANTE		A CORTO PLAZO	
Caja	90+**20**	Salarios por pagar	20
Bancos	3,682+**120**	Proveedores	300
Clientes	**60**	Acreedores diversos	500
Inventarios	260		
		A LARGO PLAZO	
FIJO		Préstamo bancario	3,282
Equipo de transporte	400	Préstamo hipotecario	2,500
Equipo de oficina	200		
Maquinaria	3,300	SUMA EL PASIVO	6,602
Edificio	3,000		
Terreno	6,000	CAPITAL CONTABLE	
		Capital social	10,400
INTANGIBLE		Utilidades de ejercicios anteriores	
Seguros pagados por anticipado	10	Utilidad del ejercicio	150
Depósitos en garantía	5		
Marca registrada	5	SUMA EL CAPITAL	10,550
SUMA EL ACTIVO	17,152	SUMA EL P. MÁS C.	17,152

ESTADO DE RESULTADOS

Ventas	90+**200**
–Costos	40
–Gastos	20
+Productos financieros	2
–Gastos financieros	82
=Utilidad financiera	150
–Impuesto sobre la renta	
–Reparto de utilidades	
=Utilidad neta	150

Los movimientos afectaron la *caja, bancos* y *clientes* (lado izquierdo del balance) y las *ventas* (estado de resultados), que a fin de cuentas afectan la utilidad del ejercicio (lado derecho del balance) por partes iguales, por lo que evidentemente el balance cuadrará, es decir, la suma del activo será idéntica a la suma del pasivo más el capital.

La póliza quedará registrada de la siguiente forma:

CONCEPTO	**DEBE (APLICACIÓN)**	**HABER (OBTENCIÓN)**
Ventas		200
Caja	20	
Bancos	120	
Clientes	60	
Sumas iguales	200	200

La séptima operación consistirá en registrar el costo de las ventas que la empresa tuvo en sus últimas transacciones. Supongamos que los costos, producto de esas ventas de mercancía, ascienden a 80 pesos; la mercancía, evidentemente, fue tomada también del almacén.

La obtención (origen) es el *valor de las mercancías utilizadas* (activo del balance general) y la aplicación es en *costo* (estado de resultados). Su registro será el siguiente:

BALANCE GENERAL

ACTIVO		PASIVO	
CIRCULANTE		A CORTO PLAZO	
Caja	110	Salarios por pagar	20
Bancos	3,802	Proveedores	300
Clientes	60	Acreedores diversos	500
Inventarios	260–**80**		
		A LARGO PLAZO	
FIJO		Préstamo bancario	3,282
Equipo de transporte	400	Préstamo hipotecario	2,500
Equipo de oficina	200		
Maquinaria	3,300	SUMA EL PASIVO	6,602
Edificio	3,000		
Terreno	6,000	CAPITAL CONTABLE	
		Capital social	10,400

(*continúa*)

INTANGIBLE		Utilidades de	
Seguros pagados		ejercicios anteriores	
por anticipado	10	Utilidad del ejercicio	70
Depósitos en garantía	5		
Marca registrada	5	SUMA EL CAPITAL	10,470
SUMA EL ACTIVO	17,072	SUMA EL P. MÁS C.	17,072

ESTADO DE RESULTADOS

Ventas	290
–Costos	40+**80**
–Gastos	20
+Productos financieros	2
–Gastos financieros	82
=Utilidad financiera	70
–Impuesto sobre la renta	
–Reparto de utilidades	
=Utilidad neta	70

Los movimientos afectaron el *almacén* (lado izquierdo del balance) y los *costos* (estado de resultados), que a fin de cuentas afectan la utilidad del ejercicio (lado derecho del balance) por partes iguales, por lo que evidentemente el balance cuadrará, es decir, la suma del activo será idéntica a la suma del pasivo más el capital.

La póliza quedará registrada de la siguiente forma:

CONCEPTO	DEBE (APLICACIÓN)	HABER (OBTENCIÓN)
Inventarios		80
Costo	80	
Sumas iguales	80	80

LA DEPRECIACIÓN Y LA AMORTIZACIÓN

La depreciación es la disminución contable del valor de los activos fijos (excepto el terreno), y la amortización de los intangibles, causada por razones naturales, uso u obsolescencia. Existen una infinidad de métodos utilizados para tal efecto, como: línea recta, suma de los dígitos de los años, doble saldo decreciente y unidades producidas o kilómetros recorridos. Desde el punto de vista fiscal, sólo está autorizado el primero, ya que según la Secretaría de Hacienda y Crédito Público (SHCP), los otros se prestan a abusos por parte de los contribuyentes.

A continuación se explican a detalle los dos primeros y brevemente los restantes, debido a que el uso de estos últimos es poco común. Previamente se definen una serie de conceptos básicos que se utilizan para el cálculo de la depreciación.

Valor del bien. Es el costo de compra de un bien mueble o inmueble según el precio de su factura, evidentemente sin incluir el impuesto al valor agregado.

Vida útil. Es el tiempo que, según la Ley del Impuesto Sobre la Renta, un bien mueble o inmueble puede ser utilizado en buenas condiciones. En seguida se describe la vida útil de los más importantes:

Bien mueble o inmueble	**Vida útil**
Equipo de cómputo	3 años
Mobiliario y equipo	5 años
Maquinaria	10 años
Equipo de transporte	10 años
Edificio	20 años

Valor de rescate. Es el valor residual de un bien mueble o inmueble después de ser totalmente depreciado, ya que aún puede servir y, por lo tanto, es susceptible de seguirse usando o venderse. Normalmente el valor de rescate es de 10% respecto al precio de compra inicial.

Cantidad a depreciar. Es el monto que, contablemente, será depreciado un bien mueble o inmueble, y depende del sistema que se utilice.

Valor en libros. Representa el valor de los activos, desde el punto de vista contable, ya que en la realidad pueden tener un valor mayor o menor; depende principalmente de la inflación, la oferta y la demanda.

Línea recta

Además de ser el método fiscalmente aceptado, es el más utilizado por la sencillez de su cálculo. Se basa en el principio de que el desgaste que sufre un bien es igual en todos los años de su vida útil. Se llama así debido a que si se grafican las cantidades a depreciar, el resultado es una línea recta. La fórmula para calcular la cantidad a depreciar es:

$$QD = \frac{VB - VR}{VU}$$

En donde:

QD es la cantidad a depreciar
VB es el valor del bien
VR es el valor de rescate
VU es la vida útil

Retomando el ejemplo de la empresa Manufacturera Central, se puede observar que su equipo de transporte tuvo un costo de $400; si la vida útil de éste es de 10 años y su valor de rescate alcanza $40, la cantidad a depreciar es:

$$QD = \frac{400 - 40}{10} = 36$$

Considerando que cada año deberán depreciarse 36 pesos, la tabla de depreciación será:

Año	**Valor en libros inicial**	**Cantidad a depreciar**	**Valor en libros final**
2002	400	36	364
2003	364	36	328
2004	328	36	292
2005	292	36	256
2006	256	36	220
2007	220	36	184
2008	184	36	148
2009	148	36	112
2010	112	36	76
2011	76	36	40
2012	40	0	40
2013	40	0	40

Vale la pena destacar que:

- la cantidad a depreciar es siempre de 36, ya que se trata del sistema de línea recta;
- el valor en libros final de cada año es idéntico al inicial del año siguiente;
- el valor en libros final del décimo año es igual al valor de rescate;
- a partir del décimo año ya no hay cantidad a depreciar.

Suma de los dígitos de los años

Este sistema de depreciación no está autorizado por la SHCP; sin embargo, ya que normalmente los bienes se desgastan más al principio de su vida útil que al final, este método se utiliza mucho para la toma de decisiones y para la valuación más apegada a la realidad.

La cantidad a depreciar se calcula multiplicando el costo del bien, menos su valor de rescate, por el número de años que faltan por depreciar, lo cual se divide entre la suma de los dígitos de los años. Esto último se obtiene en función de la siguiente fórmula:

$$\text{Suma de los dígitos de los años} = \frac{VU + VU \times VU}{2}$$

Donde *VU* significa vida útil.

Al sustituir tenemos que

$$\text{Suma de los digítos de los años } (SDA) = \frac{10 + 10 \times 10}{2} = \frac{110}{2} = 55$$

La fórmula para obtener la cantidad a depreciar es:

$$QD = (VB - VR) \times \frac{AD}{SDA}$$

En donde:

QD es la cantidad a depreciar
VB es el valor del bien
VR es el valor de rescate
AD corresponde a los años por depreciar
SDA es la suma de los dígitos de los años

En función de las fórmulas anteriores, se obtiene la tabla de depreciación siguiente:

Año	Años por depreciar	Valor en libros inicial	Fórmula	Cantidad a depreciar
2002	10	400	360 × 10/55	65.45
2003	9	334.55	360 × 9/55	58.91
2004	8	275.64	360 × 8/55	52.36
2005	7	223.28	360 × 7/55	45.82
2006	6	177.46	360 × 6/55	39.28
2007	5	138.19	360 × 5/55	32.73
2008	4	105.46	360 × 4/55	26.18
2009	3	79.27	360 × 3/55	19.64
2010	2	59.63	360 × 2/55	13.09
2011	1	46.54	360 × 1/55	6.54
2012	0	40		0
2013	0	40		0

Vale la pena destacar que:

- el único factor que cambia de la fórmula corresponde a los años que faltan por depreciar;
- el valor en libros disminuye hasta llegar exactamente al valor de rescate;
- la cantidad a depreciar en el primer año es muy alta (65.45), y disminuye gradualmente hasta llegar a ser mínima en el décimo año (6.54).

En los automóviles es tan alta la cantidad real a depreciar en los primeros años, que basta con sacarla de la agencia para que la unidad pierda su valor hasta en 8%, sin incluir el impuesto al valor agregado.

El método del doble saldo decreciente

Al igual que el método anterior, reconoce que los bienes se deprecian más al principio de su vida útil que al final. Consiste en depreciar a la doble tasa del método de línea recta, sólo que en vez de hacerlo en función del costo del bien menos el valor de rescate, esa doble tasa se multiplica por el valor en libros anterior. Cabe destacar que no se trata de un método exacto como los anteriores, y habrá que hacer un pequeño ajuste en el último año para no sobrepasar el valor de rescate.

El método de las unidades producidas o kilómetros recorridos

Deprecia los bienes (maquinaria o equipo de reparto) en función de su uso. Primero se debe dividir el valor del bien, menos su valor de rescate, entre el número de kilómetros o unidades en las que el bien puede funcionar adecuadamente. Este número se conoce como costo por kilómetro o por unidad, cantidad que habrá que multiplicarse cada año por los kilómetros o unidades, para obtener así la depreciación de cada año.

Para entender la forma correcta de contabilizarlo, utilizaremos el ejemplo del punto anterior. Suponiendo que la cantidad a depreciar del equipo de transporte es de $36 (dato obtenido en el sistema de línea recta), el registro quedará como sigue: la obtención (origen) es el dinero tomado de la cuenta de *equipo de transporte* (activo del balance general) y la aplicación es en *gastos* (estado de resultados). Su registro será el siguiente:

BALANCE GENERAL

ACTIVO		PASIVO	
CIRCULANTE		A CORTO PLAZO	
Caja	110	Salarios por pagar	20
Bancos	3,802	Proveedores	300
Clientes	60	Acreedores diversos	500
Inventarios	180		
		A LARGO PLAZO	
FIJO		Préstamo bancario	3,282
Equipo de transporte	400	Préstamo hipotecario	2,500
Dep. equipo de trans.	**–36**		
Equipo de oficina	200		
Maquinaria	3,300	SUMA EL PASIVO	6,602
Edificio	3,000		
Terreno	6,000	CAPITAL CONTABLE	
		Capital social	10,400

(*continúa*)

INTANGIBLE		Utilidades de ejercicios anteriores	
Seguros pagados por anticipado	10	Utilidad del ejercicio	34
Depósitos en garantía	5		
Marca registrada	5	SUMA EL CAPITAL	10,434
SUMA EL ACTIVO	17,036	SUMA EL P. MÁS C.	17,036

ESTADO DE RESULTADOS

Ventas	290
–Costos	120
–Gastos	20+**36**
+Productos financieros	2
–Gastos financieros	82
=Utilidad financiera	34
–Impuesto sobre la renta	
–Reparto de utilidades	
=Utilidad neta	34

Los movimientos afectaron la nueva cuenta de *depreciación de equipo de reparto* (lado izquierdo del balance) y los *gastos* (estado de resultados), que a fin de cuentas afectan la utilidad del ejercicio (lado derecho del balance) por partes iguales, por lo que evidentemente el balance cuadrará, es decir, la suma del activo será idéntica a la suma del pasivo más el capital.

La póliza quedará registrada de la siguiente forma:

CONCEPTO	DEBE (APLICACIÓN)	HABER (OBTENCIÓN)
Dep. equipo de trans.		36
Gastos	36	
Sumas iguales	36	36

EL PAGO DE IMPUESTOS

Una vez registradas todas las operaciones del periodo, principalmente ingresos y egresos, se debe hacer el cálculo de impuestos, para después hacer el correspondiente pago y registro contable.

Utilizando el mismo ejemplo, supongamos que el pago del impuesto sobre la renta importa 30% de la utilidad financiera y el reparto de utilidades 10% respecto a la misma base.

La obtención (origen) es el dinero tomado del *banco* (activo del balance general) y la aplicación es en *impuesto sobre la renta* y *reparto de utilidades* (estado de resultados). Su registro será el siguiente:

BALANCE GENERAL

ACTIVO		PASIVO	
CIRCULANTE		A CORTO PLAZO	
Caja	110	Salarios por pagar	20
Bancos	3,802–**13.6**	Proveedores	300
Clientes	60	Acreedores diversos	500
Inventarios	180		
		A LARGO PLAZO	
FIJO		Préstamo bancario	3,282
Equipo de transporte	400	Préstamo hipotecario	2,500
Dep. equipo de trans.	–36		
Equipo de oficina	200		
Maquinaria	3,300	SUMA EL PASIVO	6,602
Edificio	3,000		
Terreno	6,000	CAPITAL CONTABLE	
		Capital social	10,400
INTANGIBLE		Utilidades de ejercicios anteriores	
Seguros pagados por anticipado	10	Utilidad del ejercicio	20.4
Depósitos en garantía	5		
Marca registrada	5	SUMA EL CAPITAL	10,420.4
SUMA EL ACTIVO	17,022.4	SUMA EL P. MÁS C.	17,022.4

ESTADO DE RESULTADOS

Ventas	290
–Costos	120
–Gastos	56
+Productos financieros	2
–Gastos financieros	82
=Utilidad financiera	34
–Impuesto sobre la renta	**10.2**
–Reparto de utilidades	**3.4**
=Utilidad neta	20.4

Los movimientos afectaron el *banco* (lado izquierdo del balance), el *impuesto sobre la renta* y el *reparto de utilidades* (estado de resultados), que a fin de cuentas afectan la utilidad del ejercicio (lado derecho del balance) por partes iguales, por lo que evidentemente el balance cuadrará, es decir, la suma del activo será idéntica a la suma del pasivo más el capital.

La póliza quedará registrada de la siguiente forma:

CONCEPTO	**DEBE (APLICACIÓN)**	**HABER (OBTENCIÓN)**
Bancos		13.6
ISR*	10.2	
PTU*	3.4	
Sumas iguales	13.6	13.6

*ISR: impuesto sobre la renta.

**PTU: reparto de utilidades.

Es importante destacar que la base utilizada para el cálculo del ISR y el PTU no corresponde al procedimiento vigente detallado en la Ley del Impuesto Sobre la Renta, por lo que es conveniente consultar dicha ley para que el impuesto corresponda correctamente.

A fin de cuentas, y después de registrar todas las operaciones en los dos estados financieros (que involucran obtenciones y aplicaciones de activo, pasivo, capital, ingresos y egresos), éstos tienen una forma definitiva al final del ejercicio (incluyendo rótulos principales):

MANUFACTURERA CENTRAL, S.A. DE C.V.
BALANCE GENERAL
Al 31 de diciembre de 2003

ACTIVO		PASIVO	
CIRCULANTE		A CORTO PLAZO	
Caja	110	Salarios por pagar	20
Bancos	3,788.4	Proveedores	300
Clientes	60	Acreedores diversos	500
Inventarios	180		

(*continúa*)

FIJO		A LARGO PLAZO	
Equipo de transporte	400	Préstamo bancario	3,282
Dep. de equipo de trans.	–36	Préstamo hipotecario	2,500
Equipo de oficina	200		
Maquinaria	3,300	SUMA EL PASIVO	6,602
Edificio	3,000		
Terreno	6,000	CAPITAL CONTABLE	
		Capital social	10,400
INTANGIBLE		Utilidades de ejercicios anteriores	
Seguros pagados por anticipado	10	Utilidad del ejercicio	20.4
Depósitos en garantía	5		
Marca registrada	5	SUMA EL CAPITAL	10,420.4
SUMA EL ACTIVO	17,022.4	SUMA EL P. MÁS C.	17,022.4

MANUFACTURERA CENTRAL, S.A. DE C.V.
ESTADO DE RESULTADOS
Del 1 de enero al 31 de diciembre de 2003

Ventas	290
–Costos	120
–Gastos	56
+Productos financieros	2
–Gastos financieros	82
=Utilidad financiera	34
–Impuesto sobre la renta	10.2
–Reparto de utilidades	3.4
=Utilidad neta	20.4

LECTURA DE LOS ESTADOS FINANCIEROS

Cuando se ven los estados financieros en un periódico, revista especializada o reporte de la empresa, se observan tantos números y datos que es complejo leerlos. Al igual que en el apartado de *La depreciación y la amortización*, los estados financieros se leerán de una manera práctica y sencilla.

La empresa Manufacturera Central, S.A. de C.V., al 31 de diciembre de 2003, **valía 17,022.40** pesos, dinero que estaba invertido en caja (110), bancos (3,788.4), clientes (60), inventarios (180), equipo de transporte (354, es decir, 400 – 36), equipo de oficina (200), maquinaria (3,300), edificio (3,000), terreno (6,000), seguros (10), depósitos (5) y en marca registrada (5).

De esos recursos, aún **debe 6,602** pesos, de los cuales 20 corresponden a salarios por pagar, 300 a proveedores, 500 a acreedores, 3,282 a préstamo bancario y 2,500 a crédito hipotecario. **El resto (10,420.40)** es dinero aportado por los socios; y de éste, 20.4 representan la utilidad que generó la empresa en el último ejercicio.

Los 20.4 que ganó se obtuvieron gracias a que vendió 290, cuyo costo fue de 120; además, tuvo gastos por 56, productos financieros por 2, gastos financieros por 82, impuesto sobre la renta por 10.2 y reparto de utilidades por 3.4.

Capítulo 4

Los estados financieros complementarios

Como se mencionó anteriormente, los estados financieros complementarios son reportes contables que proporcionan información detallada de ciertas cuentas de los estados financieros básicos. Aunque no es necesaria su presentación al fisco ante una auditoría, es conveniente elaborarlos, ya que su correcta evaluación y análisis es fundamental para la toma de decisiones.

Al igual que en el capítulo 3, utilizaremos a la empresa Manufacturera Central, S.A. de C.V. y sus operaciones del ejercicio 2002 para elaborar los estados financieros complementarios.

BALANZA DE COMPROBACIÓN

Es un estado financiero complementario que comprende un periodo determinado; en él se muestran los orígenes y las aplicaciones de todas las cuentas. Es de gran utilidad, ya que en él es más fácil encontrar los errores de registro de las operaciones contables, principalmente cuando se registran en una cuenta equivocada.

Su formato se muestra en la página siguiente.

Es conveniente destacar que:

- El rótulo principal es igual al de cualquier estado financiero; en este caso incluye: el nombre de la empresa, el nombre del estado financiero y el periodo que comprende.
- Todas las cuentas del balance general y del estado de resultados están listadas en el mismo orden en que aparecen en dichos estados.

MANUFACTURERA CENTRAL, S.A. DE C.V.
BALANZA DE COMPROBACIÓN
Del 1 de enero al 31 de diciembre de 2002

CUENTA	SALDO INICIAL	DEBE	HABER	SALDO FINAL
ACTIVO				
CIRCULANTE				
Caja	0.00	110.00		110.00
Bancos	0.00	11,017.00	7,228.60	3,788.40
Clientes	0.00	60.00		60.00
Inventarios	0.00	300.00	120.00	180.00
FIJO				
Equipo de transporte	0.00	400.00		400.00
Dep. del equipo de trans.	0.00		36.00	–36.00
Equipo de oficina	0.00	200.00		200.00
Maquinaria	0.00	3,300.00		3,300.00
Edificio	0.00	3,000.00		3,000.00
Terreno	0.00	6,000.00		6,000.00
INTANGIBLE				
Seguros pagados por ant.	0.00	10.00		10.00
Depósitos en garantía	0.00	5.00		5.00
Marca registrada	0.00	5.00		5.00
PASIVO				
A CORTO PLAZO				
Salarios por pagar	0.00		20.00	–20.00
Proveedores	0.00		300.00	–300.00
Acreedores diversos	0.00	1,000.00	1,500.00	–500.00
A LARGO PLAZO				
Préstamo bancario	0.00		3,200.00	–3,200.00
Préstamo hipotecario	0.00		2,582.00	–2,582.00
CAPITAL				
Capital social	0.00		10,400.00	–10,400.00
Utilidad del ejercicio	0.00			0.00
RESULTADOS				
Ventas	0.00		290.00	–290.00
Costos	0.00	120.00		120.00
Gastos	0.00	56.00		56.00
Productos financieros	0.00		2.00	–2.00
Gastos financieros	0.00	82.00		82.00
Impuesto sobre la renta	0.00	10.20		10.20
Reparto de utilidades	0.00	3.40		3.40
SUMAS IGUALES		**25,678.60**	**25,678.60**	

- Se cuenta con una columna de SALDO INICIAL, que en este caso aparece en ceros debido a que se trata de una empresa nueva.
- Hay una columna de DEBE, en la cual se registran todas las aplicaciones que tuvo cada cuenta; por ejemplo, en caja hay 110 que corresponden a la suma de 90 más 20 de las operaciones cuarta y última del apartado *Registro en el estado de resultados* del capítulo 3.
- Hay una columna de HABER, en la cual se registran todas las obtenciones de recursos de esa cuenta; por ejemplo, en capital hay 10,400, que se obtienen de la suma de 10,000 de la primera operación y de 400 de la octava operación del apartado *Registro en el balance general* del capítulo 3.
- Hay una columna de SALDO FINAL, que resulta de la suma del SALDO INICIAL más el DEBE menos el HABER; por ejemplo, en la cuenta de bancos hay un saldo final de 3,788.40, que resultan de sumar 0 (saldo inicial) más 11,017.00 (debe) menos 7,228.60 (haber).
- Las cuentas de naturaleza deudora (de las que normalmente se aplica el dinero): activos (excepto depreciaciones) y egresos, tienen saldo positivo; por ejemplo inventarios, que tiene 180 pesos.
- Las cuentas de naturaleza acreedora (de las que normalmente se obtiene dinero): pasivos, capital (excepto pérdidas) e ingresos, tienen saldo negativo; por ejemplo, préstamo bancario, que tiene un saldo de –3,200 pesos.
- Todos los saldos de las cuentas corresponden a los estados financieros descritos en el apartado *Lectura de los estados financieros*, del capítulo 3.
- En la última columna se registran las sumas, y evidentemente las columnas del debe y del haber deberán ser iguales; es decir, todos los orígenes (haber) deben ser idénticos a las aplicaciones (debe), con lo cual se cumple tanto con la ecuación contable básica como con la ley de la partida doble (estudiadas en el capítulo 3).
- Es conveniente no sólo utilizar las cuentas de los dos estados financieros básicos, sino tratar de que existan más subcuentas; por ejemplo, la cuenta de gastos puede dividirse en: sueldos, salarios, tiempo extra, arrendamientos, energía eléctrica, mantenimiento, publicidad, etcétera. De esta manera se podrá tener mayor control sobre todos los conceptos y detectar posibles anomalías o excesos.

- Para el siguiente ejercicio, los datos de la columna del saldo final deberán colocarse como saldo inicial.

De la comparación de dos balanzas de comprobación de los mismos meses, pero de diferentes años (descontando la inflación), se pueden detectar ineficiencias, desperdicios, excesos, faltantes, tendencias, riesgos y oportunidades para la empresa.

ESTADO DE FLUJO DE CAJA

Es un estado financiero que complementa al estado de situación; se refiere a un periodo determinado y muestra todas las entradas y salidas de efectivo que tuvo la empresa. Su importancia radica en que todos los movimientos registrados deben ser idénticos al estado de cuenta bancario.

La mayoría de los empresarios no revisan sus estados de cuenta porque suponen que los bancos nunca se equivocan.

El formato tradicional de un estado de flujo de caja es el siguiente:

MANUFACTURERA CENTRAL, S.A. DE C.V.
ESTADO DE FLUJO DE CAJA
Del 1 de enero al 31 de diciembre de 2002

Concepto **Mes:**	**Ene**	**Feb**	**Mar**	**Abr**	**May**	**Jun**
Saldo inicial	**0**	**5,000**	**2,785**	**3,680**	**3,682**	**3,772**
Ingresos						
Ventas al contado					90	140
Cobranza						
Intereses				2		
Préstamos bancarios			895			
Otros préstamos						
Otros ingresos	10,000					
Total de ingresos	**10,000**	**0**	**895**	**2**	**90**	**140**
Egresos						
Pago a proveedores						
Pago de préstamos						
Pago de intereses						
Gastos						
Otros pagos	5,000	2,215				**13.4**
Total de egresos	**5,000**	**2,215**	**0**	**0**	**0**	**13.4**
Saldo final	**5,000**	**2,785**	**3,680**	**3,682**	**3,772**	**3,898.4**

Por sencillez, todas las operaciones se registraron en los seis primeros meses del año. Además, para el registro de las operaciones se supusieron las fechas.

Es conveniente destacar que:

- El rótulo principal es igual al de cualquier estado financiero; en este caso incluye: el nombre de la empresa, el nombre del estado financiero y el periodo que comprende.
- Están incluidas todas las cuentas que afectaron o pueden afectar tanto a caja como a bancos.
- Se cuenta con un renglón de saldo inicial, en el cual se muestra el monto que había en caja y bancos al iniciar cada mes.
- Hay una serie de renglones de ingresos, donde se registran todas las entradas de dinero a la caja o al banco.
- Se cuenta con una serie de renglones de egresos para registrar todas las salidas de dinero de caja y bancos.
- Del saldo final se obtiene el monto que había en caja y bancos al finalizar el mes.
- El saldo final al mes de junio (3,898.40) es idéntico a la suma de las cuentas de caja y bancos obtenida en la balanza de comprobación en el apartado anterior.

ESTADO DE CUENTAS POR COBRAR

Es un estado financiero complementario al estado de situación; se refiere a un periodo determinado y muestra las ventas efectuadas a crédito y su cobranza separadas por cliente. Es de suma importancia, ya que resalta en qué momento se pierde la efectividad de la cobranza o algún cliente está fallando con su pago, para poder tomar las medidas oportunas, correctivas y pertinentes.

Gran cantidad de las empresas que han cerrado en los últimos años en México, no ha sido por no vender, sino por no cobrar.

El formato para este estado financiero es el de la página que sigue.

Cabe destacar que:

- Para este estado no se utilizó la información del ejemplo anterior debido a la poca información y operaciones.
- El rótulo principal es igual al de cualquier estado financiero; en este caso incluye: el nombre de la empresa, el nombre del estado financiero y el periodo que comprende.

MANUFACTURERA CENTRAL, S.A. DE C.V.
ESTADO DE CUENTAS POR COBRAR
Del 1 de enero al 31 de diciembre de 2002

Empresa **Mes:**	**Ene**	**Feb**	**Mzo**	**Abr**	**May**	**Jun**
Acabados TX S.A.						
Venta	150	30	25	75	24	2
Cobranza	30	100	25	30	50	30
Saldo	120	50	50	95	69	**41**
Distribuidora Alfa						
Venta	120	0	0	60	0	60
Cobranza	0	0	120	0	0	60
Saldo	120	120	0	60	60	**60**
Comerza						
Venta	100	0	0	50	0	0
Cobranza	0	100	0	0	50	0
Saldo	100	0	0	50	0	**0**
Otros						
Venta	30	25	51	31	20	21
Cobranza	25	13	21	41	9	12
Saldo	5	17	47	37	48	**57**

- Están relacionados los clientes más importantes a los cuales la empresa les otorga créditos, además de una cuenta llamada "Otros" donde se concentran todos los demás clientes con cuentas menos representativas.
- Se cuenta con un renglón denominado "Venta", en el cual se registra el total vendido a crédito al cliente en determinado mes.
- En el renglón "Cobranza" se anotan los cobros que se hicieron en ese mes a la referida empresa; y por último, en "Saldo" se registra lo que nos debe la empresa al último día de ese mes.
- Este estado financiero está desarrollado sólo para seis meses.

De este estado financiero se puede deducir lo siguiente:

1. El cliente *Acabados TX* mantiene tanto compras como saldo similar, por lo que la cobranza es aceptable.
2. Si al cliente *Distribuidora Alfa* se le otorgan 60 días de crédito, la cobranza es eficiente, en caso contrario, no.
3. La empresa *Comerza* es puntual en sus pagos.

4. La cuenta de "Otros" se comporta de manera muy preocupante, debido a que se vende más de lo cobrado, situación que se percibe observando la tendencia creciente del saldo. Por lo tanto, es necesario analizar a estos clientes y descubrir cuáles son las razones de su atraso, para tomar medidas como: visitarlos, extenderles recordatorios por escrito, dejar de venderles o, una vez agotadas las anteriores opciones, ejercer acciones legales.

ESTADO DE ORIGEN Y APLICACIÓN DE RECURSOS

En ocasiones, a pesar de que los socios aportan recursos, hay altas ventas e incluso utilidades, el saldo bancario de las empresas tiende a disminuir. Esto se debe a que los recursos aportados por los socios, o los que ganó la empresa, se utilizaron para acciones como:

- Pagar deudas.
- Comprar activos fijos.
- Liquidar a algún socio.
- Invertir en inventarios.
- Etcétera.

En estos casos, la empresa utilizó dichos recursos para crecer o liquidar cuentas pendientes, aunque pareciera que los administradores hayan hecho malos manejos. Por ello es importante elaborar el estado de origen y aplicación de recursos, en el cual se muestran, de forma neta, los aumentos menos las disminuciones de cada cuenta en un periodo determinado. Su formato es el de la página siguiente.

Cabe destacar que:

- Se utilizó como ejemplo la misma empresa del capítulo 3, tomando como saldo inicial la novena operación, y como saldo final, la última.
- El orden de las cuentas es el mismo que en el balance general.
- Sólo se muestran los movimientos de cada cuenta; por ejemplo en *bancos*, a pesar de haber varios depósitos y retiros, sólo se muestra la disminución neta de 501.6 que, para efectos del estado, representa un origen, ya que se tomó más de lo que se depositó.

MANUFACTURERA CENTRAL, S.A. DE C.V.
ESTADO DE ORIGEN Y APLICACIÓN DE RECURSOS
Del 1 de julio al 31 de diciembre de 2002

CUENTA	SALDO INICIAL	APLICACIONES	ORÍGENES	SALDO FINAL
ACTIVO				
CIRCULANTE				
Caja	0.00	**110**		110.00
Bancos	4,290.00		**501.6**	3,788.40
Clientes	0.00	**60**	60.00	
Inventarios	300.00		**120**	180.00
FIJO				
Equipo de transporte	400.00			400.00
Dep. equipo de trans.	0.00		**36**	36.00
Equipo de oficina	200.00			200.00
Maquinaria	1,500.00	**1,800**		3,300.00
Edificio	3,000.00			3,000.00
Terreno	2,000.00	**4,000**		6,000.00
INTANGIBLE				
Seguros pagados por ant.	10.00			10.00
Dep. en garantía		**5**		5.00
Marca registrada		**5**		5.00
PASIVO				
A CORTO PLAZO				
Salarios por pagar	0.00		**20**	20.00
Proveedores	300.00			300.00
Acreedores diversos	1,000.00	**500**		500.00
A LARGO PLAZO				
Préstamo bancario	0.00		**3,282**	3,282.00
Préstamo hipotecario	0.00		**2,500**	2,500.00
CAPITAL				
Capital social	10,400.00			10,400.00
Utilidad del ejercicio			**20.4**	20.40
SUMAS IGUALES		**6,480**	**6,480**	

- La suma de todos los orígenes es idéntica a todas las aplicaciones (6,480 pesos).
- Se obtuvieron recursos de las cuentas de activo que presentan orígenes (bancos, inventarios y depreciación).
- Se invirtió en las cuentas de activo que presentan aplicaciones (caja, clientes, maquinaria y terreno).
- Se tomaron recursos de las cuentas de pasivo y capital que presentan orígenes (salarios por pagar, préstamo bancario, hipotecario y utilidad del ejercicio).
- Se realizó un pago a las cuentas de pasivo y capital que presentan aplicaciones (acreedores diversos).

Se puede deducir que, en forma neta, se tomaron de la empresa 6,480 pesos de cuentas como bancos, inventarios, depreciación, salarios por pagar, préstamo bancario, préstamo hipotecario y utilidad del ejercicio, y dichos recursos se invirtieron en caja, clientes, maquinaria, terreno, depósitos en garantía, marca registrada y acreedores diversos.

Las empresas cambian de forma cada día, y en la medida en que podamos reconstruir esos cambios históricos y entender su efecto, podremos tomar mejores decisiones.

OTROS ESTADOS FINANCIEROS COMPLEMENTARIOS

Los estados financieros analizados hasta aquí son ampliamente conocidos. Ahora, el objetivo de este apartado es dar a conocer otros estados financieros que se utilizan ocasionalmente.

Estado de cuentas por pagar

Es un estado financiero que complementa al estado de situación y en el cual se muestran detalladamente los pagos que debe hacer la empresa a terceros, así como su monto y vencimiento.

Estado de activos muebles e inmuebles

Complementa al estado de situación y muestra todos los activos fijos con los que cuenta la empresa, su fecha de compra, su precio de compra histórico, su valor actual y su depreciación.

Estado de conciliación del costo

Debido a su importancia en el control y la toma de decisiones, este estado financiero complementario al estado de resultados se analiza en el siguiente capítulo, distinguiendo el tipo de empresa de que se trate.

Cada empresa debe diseñar los estados financieros que cumplan con sus necesidades de información, para mejorar su control y optimización.

Capítulo 5

El cálculo del costo

En este capítulo se presenta, de manera sencilla y práctica, la forma correcta para calcular el costo en los diferentes tipos de empresas. Los ejemplos que aparecen en la mayor parte de los textos contables se limitan a fijar como costo una proporción de las ventas y, en el mejor de los casos, sólo lo cuantifican para el ramo comercial. A continuación se describen los elementos que se deben considerar para integrar el costo en los diferentes ramos empresariales, y más adelante se detallará la forma correcta para calcularlo.

INTEGRACIÓN DEL COSTO

Para fijar el precio de venta al público es fundamental conocer el costo de cada mercancía o servicio que se le va a ofrecer al cliente; si el costo se calcula incorrectamente, el precio de venta también lo será.

Si el precio es muy alto, se corre el riesgo de que el mercado no lo acepte, y si es bajo, seguramente habrá pérdidas por cada pieza o servicio vendido. En la página siguiente se presenta una tabla donde se especifican los elementos a considerar para calcular el costo en cada tipo de empresa.

Aunque sólo se muestran los tipos de empresas más importantes, es conveniente observar que en cada una de ellas, el costo se integra de manera totalmente diferente, lo que demuestra que los costos en las empresas no se pueden administrar y controlar de igual manera.

Tipo de empresa	Elementos del costo
Industria	• Materia prima • Mano de obra • Gastos indirectos
Comercio	• Costo de compra de la mercancía
Servicios: Restaurantes	• Costo de alimentos • Costo de bebidas
Hoteles (división cuartos)	• Salarios • Artículos de limpieza • Agua • Teléfono • Gas • Mantenimiento
Transporte	• Combustibles • Lubricantes • Salarios • Mantenimiento correctivo • Depreciaciones • Seguros • Otros gastos de viaje

EL RAMO COMERCIAL

De los tres tipos de empresas a los que se efectuará el cálculo del costo, el ramo comercial es el más sencillo, ya que sólo se ejerce la función de compra y venta de mercancías o materiales. A continuación se describe el diagrama de flujo de materiales, y más adelante se calcula el costo con el estado financiero correspondiente.

El diagrama de flujo de materiales es una representación gráfica del movimiento de las materias primas o los artículos que se comercializan, desde su compra hasta su venta. En el ramo comercial, el diagrama es el de la página siguiente.

Como se puede observar, se trata de una sola entrada de materiales conocida como *compras*, un solo estado, el *almacén*, y una salida, que representa a las *ventas*.

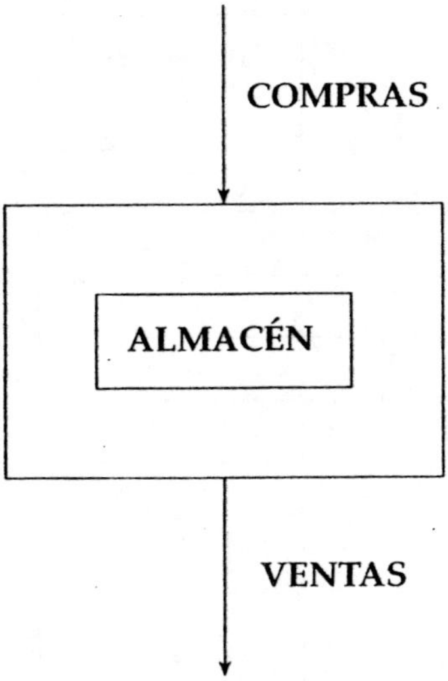

El cálculo del costo en una empresa del ramo comercial se efectúa de la siguiente forma:

Inventario inicial
+ Compras
– Inventario final
= Costo

El *inventario inicial* es el valor monetario de la mercancía que se encuentra en el almacén. Para valuarlo, primero hay que contar todas las mercancías, de cualquier tipo, y después multiplicarlas por su precio de compra. En la página siguiente se muestra una sucinta tabla para costear el inventario en una empresa del ramo comercial de abarrotes.

En el *concepto* se registran los materiales o la materia prima que se tienen en el almacén; su ordenamiento debe ser idéntico al del registro de control interno (*kardex*), y se recomienda que sea en orden alfabético. Es importante resaltar que si cierta materia prima tiene diferentes presentaciones y costo, cada una de éstas debe registrarse en renglones independientes, ya que su rendimiento (y quizá su destino) no es el mismo.

La *existencia* es el número de materiales contados, el *costo unit.* (costo unitario) es el último precio de compra, y el *costo total* es producto de la existencia por el costo unitario.

Concepto	Existencia	Costo unit.	Cant. total
Aceite de cártamo	13	8	104
Aceite de maíz	3	9	27
Arroz (1 kg)	6	18	108
Azúcar	12	18	216
Catsup de 160 ml	3	8	24
Catsup de 500 ml	1	24	24
		Total	**503**

El *total*, evidentemente, es la suma de los costos totales de todos los artículos, y ése será el dato que se utilizará como inventario inicial o final. Sólo debe levantarse el inventario una vez al mes, ya que el final servirá como inicial del siguiente ejercicio.

Para ejecutar la fórmula y obtener el costo sólo se necesita conocer el monto de las compras, es decir, la suma de todas las facturas, remisiones y notas de la mercancía que se compró. Es muy importante saber que tanto en los inventarios como en las compras no debe incluirse el impuesto al valor agregado, en caso de que los artículos estén gravados. Suponiendo que las compras son de $1,052 y el inventario final de $430, entonces tenemos:

Inventario inicial	503
+ Compras	1,052
– Inventario final	430
= Costo	1,125

Una vez definido el costo, la forma correcta de contabilizarlo es la siguiente:

CONCEPTO	DEBE (APLICACIÓN)	HABER (OBTENCIÓN)
Inventario	503+1,052	1,125
Costo	1,125	
Proveedores		503+1,052
Sumas iguales	**2,680**	**2,680**

Es importante observar que:

- Los 503 pesos que hay originalmente en almacén (*debe*), corresponden al saldo inicial, mismo que se debe a los proveedores (*haber*).
- Los 1,052 representan las compras del periodo, las cuales entraron al almacén (*debe*), y los recursos para comprarlas se obtuvieron de los proveedores (*haber*).
- El costo obtenido con el procedimiento anterior, es decir, 1,125 pesos, representa obviamente la mercancía que sale del almacén (*haber*), que finalmente es adquirida por los clientes y que a su vez representa el costo (*debe*).
- Si se suman los 503 a los 1,052 y a esto se le restan los 1,125 pesos que salieron del almacén, se obtiene el inventario final, utilizado en la fórmula (430 pesos).

EL RAMO INDUSTRIAL

El ramo industrial está formado por las empresas que se dedican a la compra de materias primas, su procesamiento y venta. El diagrama de flujo de materiales puede ser tan complejo como departamentos, plantas y procesos tenga la empresa. El diagrama típico es el de la página siguiente.

Como se puede observar, el proceso inicia, al igual que en el ramo comercial, con compras, y termina con ventas, con la diferencia de que hay una serie de flujos y estados intermedios.

La materia prima se compra y almacena en un lugar denominado *inventario de materia prima* (IMP); de ahí, la *materia prima a proceso* se envía en cantidades suficientes a otro inventario llamado *inventario de producción en proceso* (IPP), donde se desarrolla el proceso pro-

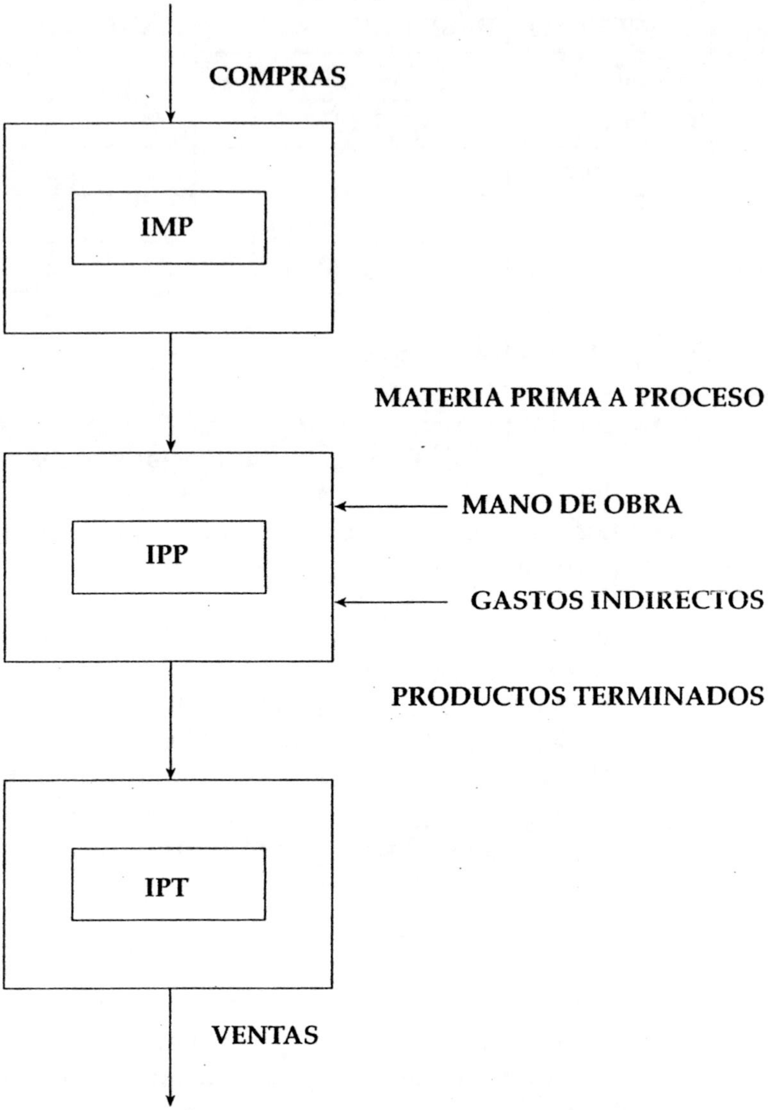

ductivo. En ese lugar se encuentran las máquinas, herramientas, obreros y todo lo necesario para la producción.

Además de la materia prima, otros dos flujos de costo le darán valor agregado a la mercancía. El primero es la *mano de obra*, es decir, los sueldos, salarios, tiempo extra, previsiones sociales y demás prestaciones del personal que labora directamente en producción.

El segundo incluye los *gastos indirectos*, es decir, los que no comprenden la materia prima ni la mano de obra, pero que se ejercen en el área de producción, por ejemplo: combustibles, lubricantes, mantenimiento, depreciación de maquinaria, amortizaciones de conceptos relacionados con la tecnología y los procesos, etcétera.

Una vez terminados los productos (*productos terminados*) se mandan al último almacén, el *inventario de productos terminados* (IPT), donde se guardan para ser vendidos.

El estado financiero para calcular el costo en las empresas del ramo industrial se llama estado de costo de producción, cuyo formato es el siguiente (utilizaremos los datos de la empresa del capítulo 3):

MANUFACTURERA CENTRAL, S.A. DE C.V.
ESTADO DE COSTO DE PRODUCCIÓN
Del 1 de enero al 31 de diciembre de 2002

	Inventario de materia prima	40.00
+	Compras de materia prima	130.00
=	Materia prima disponible	170.00
–	Inventario final de materia prima	60.00
=	Materia prima utilizada	110.00
+	Inventario inicial de productos en proceso	20.00
+	Mano de obra	15.00
+	Gastos de producción	5.00
–	Inventario final de productos en proceso	20.00
=	Costo de producción	130.00
+	Inventario inicial de productos terminados	10.00
–	Inventario final de productos terminados	20.00
=	Costo de ventas	120.00

Ahora, utilizando el mismo formato, veamos lo que significa renglón por renglón, en términos más simples:

Inventario de materia prima	Lo que había en ese almacén
+ Compras de materia prima	El total de las facturas
= Materia prima disponible	Lo que hubo de materia prima
– Inventario final de materia prima	Lo que quedó en ese almacén
= Materia prima utilizada	Lo que se gastó de materia prima
+ Inventario inicial de productos en proceso	Lo que había en ese almacén
+ Mano de obra	Lo que se gastó en empleados
+ Gastos de producción	Otros gastos
– Inventario final de productos en proceso	Lo que quedó en ese almacén
= Costo de producción	El costo de lo que se produjo
+ Inventario inicial de productos terminados	Lo que había en ese almacén
– Inventario final de productos terminados	Lo que quedó en ese almacén
= Costo de ventas	El costo del ejercicio

EL RAMO DE LOS SERVICIOS

Las empresas del ramo de servicios son aquellas cuyo costo final del producto (en su mayor parte) no está integrado por materiales; no pertenecen a la industria ni al comercio; por ejemplo, el ramo restaurantero puede considerarse como industria (porque procesa) o comercio (porque compra y vende), pero realmente pertenece al ramo de los servicios, ya que el impacto de los gastos suele ser mayor que el de los costos; finalmente, los clientes no pagan sólo el platillo que consumen, sino el lujo, la presentación, la vigilancia, la atención, el derecho a utilizar las instalaciones y el servicio de los meseros, sólo por citar algunos conceptos.

Entre las empresas más importantes del ramo de los servicios podemos citar las siguientes:

RAMO DE LA HOSPITALIDAD

- Restaurantes
- Cafeterías
- Bares
- Centros de espectáculos
- Salones para banquetes
- Hoteles
- Centros de diversión
- Agencias de viajes

RAMO FINANCIERO

- Grupos financieros
- Bancos
- Casas de bolsa
- Casas de cambio
- Cajas de ahorro
- Uniones de crédito
- Arrendadoras
- Aseguradoras
- Afianzadoras
- Administradoras de fondos de inversión
- Almacenes generales de depósito

TRANSPORTE

- Transporte de pasajeros
  –Autobuses
  –Trenes
  –Barcos
  –Trolebuses
  –Taxis
  –Aviones
- Transporte de carga
  –Camiones
  –Trenes
  –Barcos
  –Aviones
  –Motocicletas
  –Empresas de mensajería

SERVICIOS PROFESIONALES Y DE ASESORÍA

- Médicos
- Arquitectos
- Dentistas
- Abogados
- Psicólogos
- Contadores, etcétera

DE LA INFORMACIÓN Y COMUNICACIÓN

- Televisoras
- Radiodifusoras
- Periódicos
- Revistas
- Servicios de Internet
- Telefonía móvil
- Telefonía fija
- Radiolocalizadores
- Autopistas
- Aeropuertos
- Puertos marinos, etcétera

DE LA EDUCACIÓN

- Academias de baile
- Escuelas de idiomas
- Educación preescolar
- Primarias
- Secundarias
- Preparatorias
- Universidades
- Centros de investigación, etcétera

OTROS SERVICIOS

- Mantenimiento
- Asesoría
- Tintorerías
- Peluquerías
- Vigilancia, etcétera

Para cada tipo de empresa de servicios citada existirá una forma apropiada para calcular y controlar el costo. Si se generaliza, como si se tratara de una industria o comercio, se ocasionarán distorsiones en la información, el precio, el control y, por supuesto, en las utilidades.

Las empresas relacionadas con las nuevas tecnologías tienen márgenes de utilidad tan altos, que se ocupan poco del costo y su control, pero cuando empieza la competencia más cerrada o las contracciones en la demanda, suelen desaparecer las que dedicaron poco tiempo a su administración y a mejorar su eficiencia.

A continuación se describe la forma de calcular el costo en las empresas más importantes del ramo de servicios.

Los restaurantes

Son empresas que se dedican a la compra, venta y transformación de alimentos, bebidas y cigarros. Existen diversos tipos: especializados, de comida rápida, cantinas, pulquerías, cervecerías, rosticerías, loncherías, fondas, etétera, pero en todos, por lo regular, existen problemas para calcular y controlar los costos.

La "industria" restaurantera es el sector de la economía que ha experimentado el crecimiento más alto en México en los últimos 30 años, pero también es el que tiene el índice de cierres más alto, lo cual se debe a la ausencia de un control integral.

En la página siguiente se muestra el diagrama típico de materiales de un restaurante.

Al igual que en los ramos comercial e industrial, el diagrama empieza con las *compras*, es decir, los pedidos de alimentos y bebidas que hace la empresa. Es importante señalar que las compras de vajillas o artículos para limpieza no están consideradas, ya que para estas empresas esos conceptos representan un gasto.

Las compras se guardan en el *almacén* central, de donde se surten los diferentes departamentos del restaurante. En el diagrama sólo se considera a la *barra* (donde se preparan las bebidas) y a la *cocina* (donde se preparan los alimentos), pero también puede haber *caja* (donde además de cobrar se pueden vender dulces, revistas, cigarros, etcétera), *parrilla* (si la especialidad son las carnes), *barra de sushi* (si es japonés), etcétera.

Cuando los clientes van al restaurante, consumen por lo general productos de los departamentos con que cuente la empresa. Por lo

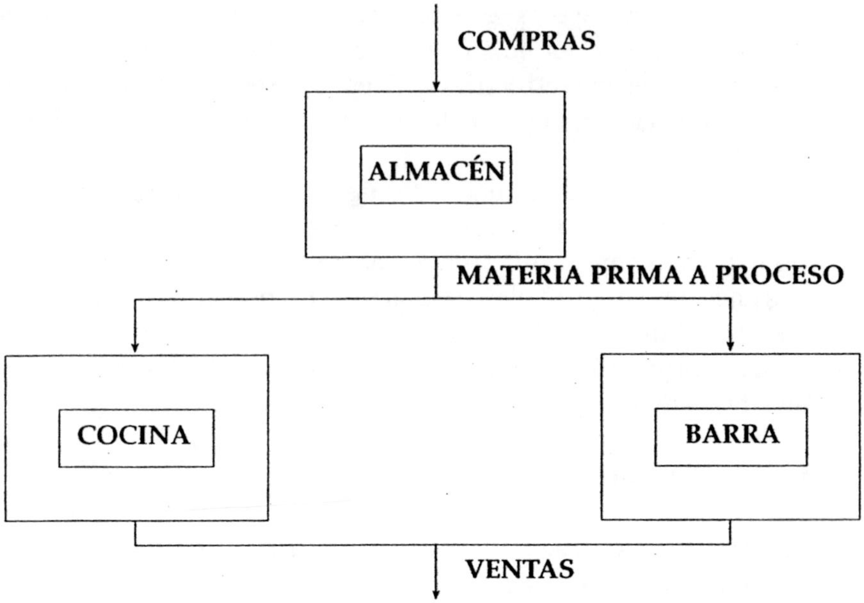

tanto, las *ventas* resultan de la unión de las salidas de los departamentos o centros de producción.

Para calcular el costo se utiliza un estado financiero denominado conciliación de costo, como se muestra en la página siguiente.

El *inventario inicial* representa todo lo que había al principio de la semana, mes o año (ya que el costo puede calcularse en cualquiera de estos lapsos) tanto en el almacén como en la barra y en la cocina. Las *compras* son los alimentos y bebidas que entraron a la empresa en ese periodo. El *inventario final* representa lo que quedó después del ejercicio en los tres estados mencionados.

El *costo neto* representa todo lo que se gastó en alimentos y bebidas en el ejercicio, y finalmente es el dato que se utilizará en el estado de resultados.

Las *ventas* son todos los productos que consumieron y pagaron los clientes. Al dividir el costo neto entre las ventas se obtiene el *porcentaje de costo neto*, que representa cuántos centavos de cada peso que se vendió se gastaron en alimentos y bebidas.

El *porcentaje de costo óptimo* es la proporción ideal de costo para la empresa, es decir, cuántos centavos se debe gastar de cada peso vendido si no hay robos, mermas ni fugas.

RESTAURANTE "COATITLA", S.A. DE C.V.
CONCILIACIÓN DE COSTOS
Del 1 de enero al 31 de diciembre de 2002

INVENTARIO INICIAL
  ALMACÉN
  BARRA Y COCINA

+ COMPRAS

– INVENTARIO FINAL
  ALMACÉN
  BARRA Y COCINA

= COSTO NETO

/ VENTAS DEL MES

= PORCENTAJE DE COSTO NETO

– PORCENTAJE DE COSTO ÓPTIMO

= PORCENTAJE DE SOBRECOSTO

× VENTAS DEL MES

= SOBRECOSTO

Al restar del porcentaje de costo neto el óptimo, se obtiene el *porcentaje de sobrecosto*, que significa cuántos centavos de cada peso vendido se gastaron de más.

Si para convertir cantidades numéricas a porcentuales dividimos el costo neto entre las ventas, para convertir el porcentaje de sobrecosto a dinero, debemos multiplicarlo por las ventas; entonces obtendremos el *sobrecosto*, que significa cuánto se gastó de más en el restaurante.

Este estado financiero, además de calcular el costo de la empresa, estima a cuánto ascendieron los desperdicios, robos y descuidos, que suelen representar no sólo una disminución de las utilidades de la empresa, sino incluso pérdidas de dinero.

Los hoteles

Los hoteles son las empresas más complejas de controlar, ya que tienen una gran cantidad de departamentos, que a su vez representan pequeños negocios dentro de uno grande; por ejemplo, un hotel de gran turismo puede tener entre sus instalaciones:

- Gimnasio
- Lavandería
- Guardería
- Restaurante
- Cafetería
- Servicio a cuartos
- Salones para banquetes y reuniones
- Centro de negocios
- Bar
- Centros de diversiones
- Tiendas
- Agencia de viajes
- Instalaciones deportivas
- Instalaciones acuáticas
- Sitio de taxis
- Telefonía e internet
- Servicio de excursiones
- Y, por supuesto, la división cuartos

De todo esto, independientemente de que se cobre o no su uso, es fundamental conocer y controlar el costo, ya que todos requieren materiales para su operación o conservación. El diagrama típico de un hotel es el siguiente:

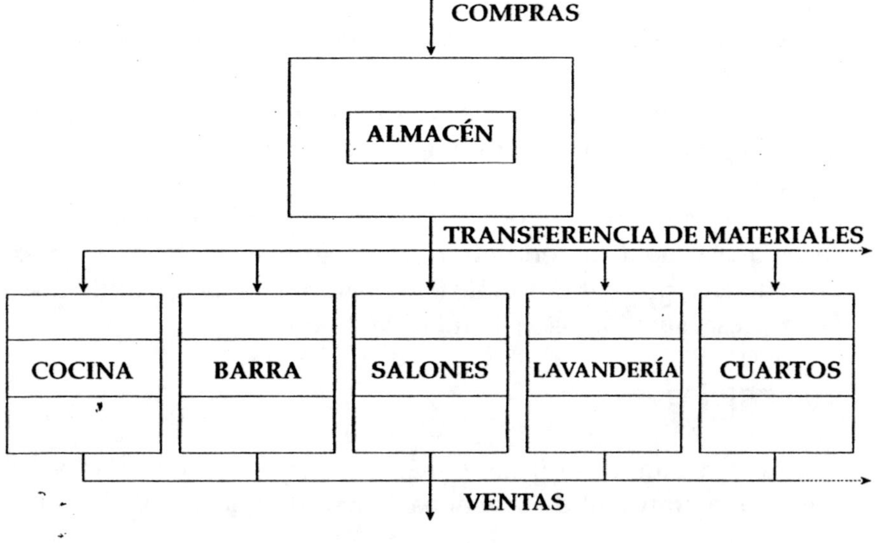

Como se puede observar, existen tantos centros de producción como departamentos tenga el hotel, y para cada uno debe calcularse el costo y hacer el siguiente análisis:

CUÁNTO SE GASTÓ

CONTRA

CUÁNTO SE DEBIÓ GASTAR

ENTONCES

CÓMO EVITARLO

Es conveniente calcular cuánto se gastó de cada elemento y cuánto se debería de gastar por cuarto, piso o edificio. El control del costo se analizará en el capítulo 6.

El transporte

El negocio del transporte es aparentemente fácil de manejar, sobre todo cuando no se trabaja en él. Se cree que es tan sencillo como llevar algo de un lugar a otro, pero hay factores como el riesgo, las descomposturas, la fragilidad, la caducidad de las mercancías transportadas, la inseguridad y la falta de capacidad, capacitación y honradez de los operadores, que verdaderamente requieren vocación para incursionar en este tipo de empresa.

Por algo la sabiduría popular caracteriza al negocio del transporte con esta frase anónima: *negocios sobre ruedas..., dinero sobre ruedas*.

El costo en el ramo del transporte está integrado por:

- Combustibles
- Lubricantes
- Salarios de operadores
- Comisiones
- Reparaciones
- Mantenimiento preventivo
- Refacciones
- Depreciación de la unidad

Al igual que en cualquier empresa, es necesario analizar: cuánto se gastó, contra cuánto se debería gastar, y por supuesto, analizar las causas de las desviaciones, así como proponer soluciones permanentes.

Es común que algunas rutas o choferes sean eficientes y otros no; por lo tanto, antes de tomar decisiones de control, se debe hacer un análisis de los problemas y evitar que *paguen justos por pecadores.*

Capítulo 6

El control del costo

La diferencia entre una empresa eficiente y otra inoperante, radica principalmente en el control de sus procesos, la atención al cliente, la distribución y su personal, pero no hay nada más rentable que el control de sus costos. A continuación se describen de manera concisa las principales causas de los sobrecostos, y se enumeran una serie de propuestas de solución. Debido a que no puede administrarse y controlarse un restaurante como una industria, o un comercio como un hotel, se separarán al igual que en el capítulo anterior.

EL RAMO COMERCIAL

Para explicar mejor las causas, consecuencias y posibles soluciones, primero se presenta un diagrama de flujo de materiales:

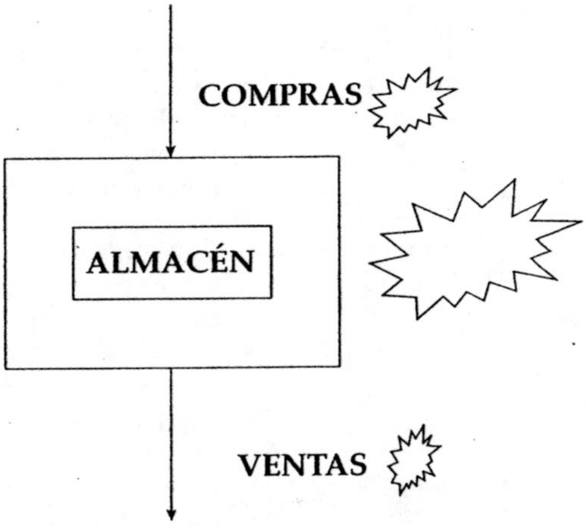

En el diagrama se señalan los lugares donde puede haber problemas en el costo, y en la siguiente tabla se proponen soluciones que, sobre todo, son viables, poco costosas y no afectan la operación. El tamaño de la figura (de explosión) indica la gravedad y cantidad de fugas que se presentan normalmente en cada sector.

CAUSA	EFECTO	ALTERNATIVAS DE SOLUCIÓN
COMPRAS		
Compras con precios altos.	Incremento de costos.	• Comparar permanentemente precios entre varios proveedores. • Tener proveedores alternativos. • Registrar precios de compra históricos y compararlos contra la inflación.
Se recibe menos mercancía de la facturada en la compra.	Incremento de costos.	• Pesar y contar las mercancías compradas. • Alternar personal de recepción de mercancía. • Supervisión. • Contar con un sistema de control de almacén.
La calidad de las compras no es la pactada.	• Incremento de costos. • Deterioro de imagen. • Problemas de rendimiento.	• Diseñar un manual de recepción, indicando la presentación adecuada. • Capacitar al personal de recepción. • Supervisión.
El personal de recepción o vigilancia extrae mercancías.	Incremento de costos.	• Contar con un sistema de control de almacén. • Revisar al personal al salir. • Supervisión.
La factura para cobro es mayor que la utilizada a la entrega.	Incrementa los costos.	• Con control de contraseñas (sellos) en la recepción. • Contar con un control de almacén. • Cotejar siempre entradas contra cobros. • Supervisión.
Los proveedores extraen mercancía.	Incrementa los costos.	• Contar con un área de recepción de mercancía. • Recibir un solo proveedor a la vez.

CAUSA	EFECTO	ALTERNATIVAS DE SOLUCIÓN
Se compra exceso de mercancía.	• Incrementa los costos. • Reduce la calidad o presentación. • Problemas de espacio.	• Equilibrar ventas contra compras. • Analizar las ventas por temporada. • Contar con sistema de máximos y mínimos. • Supervisar.
ALMACÉN		
Exceso de mercancías.	• Mayores mermas. • Problemas de espacio. • Mala calidad y presentación.	• Equilibrar las ventas con las compras. • Contar con sistema de máximos y mínimos. • Supervisar.
Robo de los clientes.	Incrementa los costos.	• Contar con cámaras de vigilancia. • Reubicar los productos más frecuentemente robados a zonas más visibles. • Contar con más personal de vigilancia.
Roturas de mercancía.	Incrementa los costos.	• Reubicar la mercancía en zonas más seguras. • Reducir las existencias. • Utilizar anaqueles más seguros.
Robo de personal de almacén.	Incrementa los costos.	• Revisar al personal al salir. • Supervisión.
Mermas.	Incrementa los costos.	• Verificar caducidad al recibir la mercancía. • Contar con las temperaturas de refrigeración y congelación adecuadas (en su caso). • Incrementar la rotación de los productos. • Acomodar adecuadamente la mercancía. • Supervisión.
VENTAS		
Los clientes roban mercancía.	Incrementa los costos.	• Contar con cámaras y vigilantes en el área de salida.

CAUSA	EFECTO	ALTERNATIVAS DE SOLUCIÓN
Los precios fueron cambiados por los clientes.	Disminuye las ventas.	• Contar con sistema de código de barras. • Capacitar al personal de cajas. • Supervisión. • Cotejar mercancías vendidas contra faltantes.
No se maquinan productos involuntariamente.	Disminuye las ventas.	• Capacitación. • Supervisión.
No se maquinan productos voluntariamente.	Disminuye las ventas.	• Supervisión. • Cotejar mercancías vendidas contra faltantes.
Los precios fijados no son adecuados.	Disminuye las ventas.	• Revisar frecuentemente los costos unitarios de todos los productos.

Tal vez sea relativamente sencillo encontrar las "fugas" en los comercios, lo difícil es cerrarlas permanentemente.

La dificultad para controlar los costos en el ramo comercial radica en que en muchas de estas empresas, los clientes tienen acceso a la mercancía, hay varias cajas, los productos que se manejan son de gran variedad y hasta caducidad, el margen de control es pequeño, y casi todos los días y a todas horas hay compras y ventas.

EL RAMO INDUSTRIAL

Al igual que en el ramo comercial, primero se muestran de forma gráfica los lugares y la gravedad de las fugas en el ramo industrial. Evidentemente habrá mayor variedad de problemas debido a que los materiales pasan por más procesos e inventarios, pero aun así es más fácil controlar el costo, por las razones que se explican al final de este apartado.

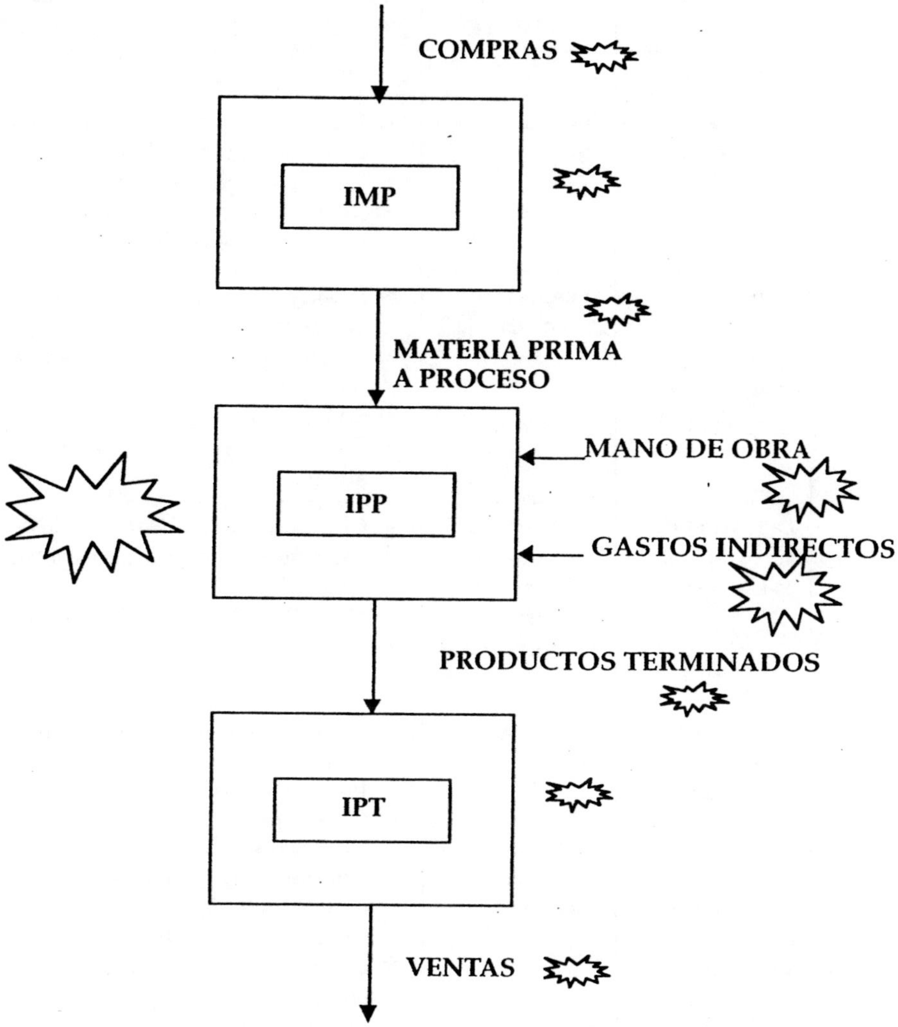

Como se puede observar, en todos los flujos (flechas) y estados (rectángulos) hay fugas; los lugares donde se presentan con mayor incidencia y monto, son (por orden de importancia):

- Inventario de productos en proceso
- Mano de obra
- Gastos indirectos

A continuación se detallan las principales causas de los sobrecostos, su efecto y posibles alternativas de solución:

CAUSA	EFECTO	ALTERNATIVAS DE SOLUCIÓN
COMPRAS		
Compras con precios más altos.	Incremento de costos.	• Comparar permanentemente precios entre varios proveedores. • Tener proveedores alternativos. • Registrar precios de compra históricos y compararlos contra la inflación.
Se recibe menos mercancía de la facturada en la compra.	Incremento de costos.	• Pesar y contar las mercancías compradas. • Alternar personal de recepción de mercancía. • Supervisión. • Tener un sistema de control de almacén.
La calidad de las compras no es la pactada.	• Incremento de costos. • Deterioro de imagen. • Problemas de rendimiento.	• Contar con un manual sencillo de recepción, indicando la presentación adecuada. • Capacitar al personal de recepción. • Supervisión.
El personal de recepción o vigilancia extrae mercancías.	Incremento de costos.	• Contar con un sistema de control de almacén. • Revisar al personal al salir. • Supervisión.
La factura para cobro es mayor que la utilizada a la entrega.	Incrementa los costos.	• Control de contraseñas (sellos) en la recepción. • Contar con un control de almacén. • Cotejar siempre entradas contra cobros. • Supervisión.
Los proveedores extraen mercancía.	Incrementa los costos.	• Contar con un área de recepción de mercancía. • Recibir un solo proveedor a la vez.
Se compra exceso de mercancía.	• Incrementa los costos. • Reduce la calidad o presentación. • Problemas de espacio.	• Equilibrar ventas contra compras. • Analizar las ventas por temporada. • Contar con sistema de máximos y mínimos. • Supervisar.

CAUSA	EFECTO	ALTERNATIVAS DE SOLUCIÓN
INVENTARIO DE MATERIA PRIMA		
Exceso de mercancías.	• Mayores mermas. • Problemas de espacio. • Imagen.	• Equilibrar las ventas con las compras. • Contar con sistema de máximos y mínimos. • Supervisar.
Roturas de mercancía.	Incrementa los costos.	• Reubicar la mercancía en zonas más seguras. • Reducir las existencias. • Utilizar áreas más seguras.
Robo de personal de almacén.	Incrementa los costos.	• Revisar al personal al salir. • Supervisión.
Mermas.	Incrementa los costos.	• Verificar caducidad al recibir la mercancía. • Contar con las temperaturas de refrigeración y congelación adecuadas (en su caso). • Acomodar adecuadamente la mercancía. • Supervisión. • Capacitación.
MATERIALES A PROCESO		
Se envían más materiales que los necesarios.	Incrementa los costos. Reduce el espacio.	• Planear la producción. • Ajustar la mercancía mandada a la producción.
Se recibe en el IPP menos mercancía que la mandada por el IMP	Incrementa los costos. Afecta la producción.	• Contar con un sistema de requisiciones. • Cotejar salidas del IMP contra requisiciones. • Cotejar entradas del IPP contra requisiciones. • No permitir el acceso del personal a la mercancía en trayecto.
Se maltrata la mercancía en su traslado.	Incrementa los costos.	• Con capacitación. • Con supervisión. • Responsabilizando al personal de los desperfectos.

CAUSA	EFECTO	ALTERNATIVAS DE SOLUCIÓN
INVENTARIO DE PRODUCCIÓN EN PROCESO		
Se "echa a perder" la materia prima.	Incrementa los costos.	• Con capacitación. • Con supervisión. • Responsabilizando al personal de las mermas. • Planeando la producción.
Se produce más de lo necesario.	Incrementa los inventarios y reduce la rotación.	• Planeando la producción. • Promoción de las ventas.
Los empleados roban mercancía.	Incrementa los costos.	• Revisar al personal al salir. • Reponsabilizar al personal de la mercancía. • Con control de las existencias.
Se produce menos de lo necesario.	Disminuyen las ventas.	• Planeando la producción. • Detectando y solucionando los "cuellos de botella".
MANO DE OBRA		
Se cuenta con más personal del necesario.	Incrementa los costos.	• Planeando la producción. • Ajustando el personal a las necesidades de producción. • Establecer programas de retiro voluntario. • Adelantando vacaciones.
Se cuenta con menos personal del necesario.	Afecta la producción y las ventas.	• Contratación y capacitación.
El personal produce menos artículos.	Incrementa los costos.	• Capacitación. • Supervisión. • Establecer sistemas de remuneración en función de la productividad.
Alta rotación de personal.	Afecta la producción y los costos.	• Capacitación. • Motivación. • Mejorar la remuneración. • Mejorar ambiente y condiciones de trabajo.

CAUSA	EFECTO	ALTERNATIVAS DE SOLUCIÓN
GASTOS INDIRECTOS		
Exceso de gastos de mantenimiento correctivo.	Incrementa los costos.	• Analizar las causas y mejorar el mantenimiento preventivo.
Exceso de gastos de energía eléctrica.	Incrementa los costos.	• Verificar consumo y amperajes de cada máquina, encontrar y componer las que tienen más alto consumo. • Revisar todo el cableado, detectar "tierras" y eliminarlas. • Establecer un programa de ahorro de energía eléctrica.
Exceso de gastos de combustibles y lubricantes.	Incrementa los costos.	• Comparar lo que se gastó contra lo que se debería gastar y sólo controlar los que tengan excesos. • Responsabilizar al personal de esos productos. • Detectar y componer la maquinaria que tiene el mayor consumo.
PRODUCTOS TERMINADOS		
		Tienen las mismas causas, consecuencias y alternativas de solución que la materia prima a producción.
INVENTARIO DE PRODUC-TOS TERMI-NADOS		
Se "echa a perder" la mercancía.	Incrementa los costos.	• Con capacitación. • Con supervisión. • Responsabilizando al personal de las mermas. • Planeando la producción.
Se produce más de lo necesario.	Incrementa los inventarios y reduce la rotación.	• Planeando la producción. • Promoción de las ventas.

CAUSA	EFECTO	ALTERNATIVAS DE SOLUCIÓN
Los empleados roban mercancía.	Incrementa los costos.	• Revisar al personal al salir. • Responsabilizar al personal de la mercancía. • Con control de las existencias.
Hay menos mercancía de la necesaria.	Disminuyen las ventas.	• Planeando la producción. • Detectando y solucionando los "cuellos de botella".
VENTAS		
Los clientes roban mercancía.	Incrementa los costos.	• Contar con cámaras y vigilantes en el área de salida.
Los precios fueron cambiados por los clientes.	Disminuyen las ventas.	• Contar con sistema de código de barras. • Capacitar al personal de cajas. • Supervisión. • Cotejar mercancías vendidas contra faltantes.
Los empleados extraen más mercancía que la que tienen que repartir.	Incrementa los costos.	• Contar con un control de salidas.
Los clientes rechazan mercancía en mal estado.	Incrementa los costos y gastos de distribución.	• Contar con un sistema de control de calidad. • Revisar la mercancía al salir y al entregar.
Se maltrata la mercancía en el transporte.	Incrementa los costos.	• Mejorar sistema de empaquetado y acomodo.
Los precios fijados no son adecuados.	Disminuyen las ventas.	• Revisar frecuentemente los costos unitarios de todos los productos.
Son muy altos los gastos de transportación.	Incrementa los gastos.	• Utilizar otras alternativas de transporte. • Revisar y optimizar las rutas y horarios. • Supervisión. • Capacitación.

En este tipo de empresas es difícil encontrar las fugas debido a la variedad y complejidad de los movimientos de materiales, pero a diferencia del ramo comercial, es relativamente fácil encontrar soluciones con efectos permanentes.

EL RAMO DE LOS SERVICIOS

El ramo de los servicios debería ser el más fácil de controlar, ya que su actividad se centra en las personas, más que en los materiales, pero existen algunos tipos de empresas que son incluso más complejos de controlar que la industria o el comercio, ya que además de la compra, venta y proceso de materiales, hay otras variantes que complican su control.

A continuación se analizan empresas como restaurantes, hoteles, de transporte y otras, que son las de más difícil control.

Los restaurantes

De acuerdo con la Secretaría de Economía de México, los restaurantes pueden agruparse en la llamada Cámara Nacional de la Industria Restaurantera y de Alimentos Condimentados (CANIRAC), que a su vez forma parte de la Confederación de Cámaras Industriales (CONCAMIN), es decir, se considera a los restaurantes como industria. Esto es correcto si consideramos que los alimentos sufren una transformación antes de ser servidos; pero si se contempla que hay productos como los cigarros, puros y algunas bebidas, que sólo requieren acercarse al comensal, entonces deberían considerarse como comercio; y finalmente, si se analiza el impacto que tienen en los precios y el valor agregado que representan el local, la atención, el servicio, la rapidez, la seguridad, etcétera, entonces se les considera como pertenecientes al sector servicios.

Así como es difícil tratar de ubicar a los restaurantes como empresas del ramo industrial, comercial o de servicios, también es complejo el control de sus costos. A continuación se presenta el diagrama de flujo de materiales de un restaurante, y después se detallan las áreas donde se presentan más fugas y el efecto que tienen; y finalmente se proponen alternativas de solución.

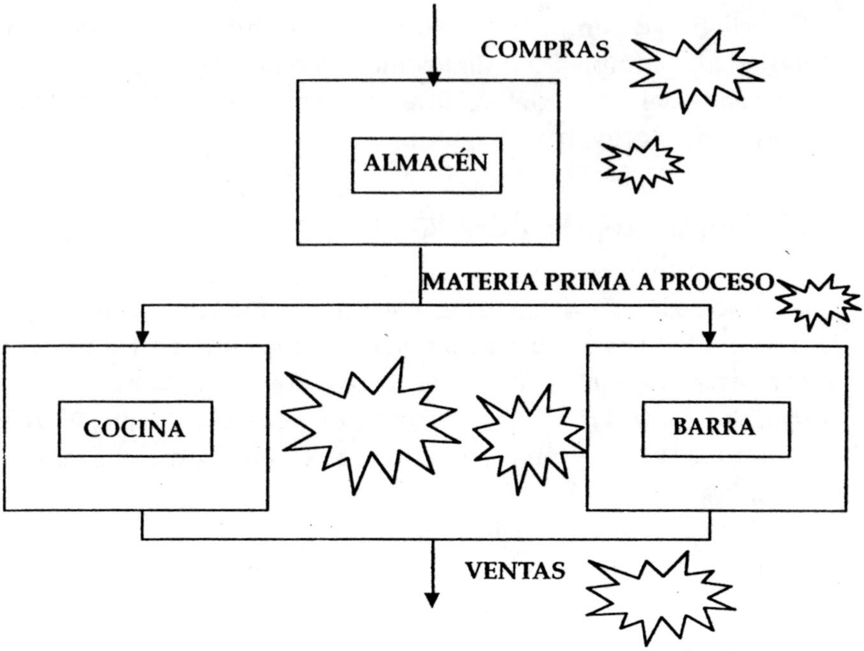

CAUSA	EFECTO	ALTERNATIVAS DE SOLUCIÓN
COMPRAS		
Compras con precios más altos.	Incremento de costos.	• Comparar permanentemente precios entre varios proveedores. • Tener proveedores alternativos. • Registrar precios de compra históricos y compararlos contra la inflación.
Se recibe menos mercancía de la facturada en la compra.	Incremento de costos.	• Pesar y contar todas las mercancías compradas. • Alternar personal de recepción de mercancía. • Supervisión. • Tener un sistema de control de almacén.
La calidad de las compras no es la pactada.	• Incremento de costos. • Deterioro de imagen. • Problemas de rendimiento.	• Contar con un manual sencillo de recepción, indicando la presentación adecuada. • Capacitación al personal de recepción. • Supervisión.

CAUSA	EFECTO	ALTERNATIVAS DE SOLUCIÓN
El personal de recepción o vigilancia extrae mercancías.	Incremento de costos.	• Contar con un sistema de control de almacén. • Revisar al personal al salir. • Supervisión.
La factura para cobro es mayor que la utilizada a la entrega.	Incrementa los costos.	• Con control de contraseñas (sellos) en la recepción. • Contar con un control de almacén. • Cotejar siempre entradas contra cobros. • Supervisión.
Los proveedores extraen mercancía.	Incrementa los costos.	• Contar con un área de recepción de mercancía. • Recibir un solo proveedor a la vez.
Se compra exceso de mercancía.	• Incrementa los costos. • Reduce la calidad o presentación. • Problemas de espacio.	• Equilibrar ventas contra compras. • Analizar las ventas por temporada. • Contar con sistema de máximos y mínimos. • Supervisar.
ALMACÉN		
Exceso de mercancías.	• Mayores mermas. • Problemas de espacio. • Imagen.	• Equilibrar las ventas con las compras. • Contar con sistema de máximos y mínimos. • Supervisar.
Roturas de mercancía.	Incrementa los costos.	• Reubicar la mercancía en zonas más seguras. • Reducir las existencias. • Utilizar anaqueles más seguros.
Robo de personal de almacén.	Incrementa los costos.	• Revisar al personal al salir. • Supervisión.
Mermas.	Incrementa los costos.	• Verificar caducidad al recibir la mercancía. • Contar con las temperaturas de refrigeración y congelación adecuadas. • Acomodar adecuadamente la mercancía.

CAUSA	EFECTO	ALTERNATIVAS DE SOLUCIÓN
MATERIA PRIMA A PROCESO		
Se envían más materiales de los necesarios.	• Incrementa los costos. • Reduce el espacio.	• Planear la producción. • Ajustar la mercancía enviada a producción.
Se recibe en cocina o barra menos mercancía que la enviada por el almacén.	• Incrementa los costos. • Afecta la producción.	• Contar con un sistema de requisiciones. • Cotejar salidas del almacén contra requisiciones. • Cotejar entradas de la cocina y barra contra requisiciones. • No permitir el acceso del personal a la mercancía en trayecto.
Se maltrata la mercancía en su traslado.	Incrementa los costos.	• Con capacitación. • Con supervisión. • Responsabilizando al personal de los desperfectos.
COCINA		
Se "echa a perder" la materia prima.	Incrementa los costos.	• Con capacitación. • Con supervisión. • Responsabilizando al personal de las mermas. • Planeando la producción. • Contando con recetarios.
Se produce más de lo necesario.	Incrementa los inventarios y reduce la rotación.	• Planeando la producción. • Promoción de las ventas.
Los empleados roban mercancía.	Incrementa los costos.	• Revisar al personal al salir. • Responsabilizar al personal de la mercancía. • Con control de las existencias.
Se produce menos de lo necesario.	Disminuyen las ventas.	• Planeando la producción. • Detectando y solucionando los "cuellos de botella".
El personal de cocina come alimentos no autorizados.	Incrementa los costos.	• Contar con un buen menú para el personal. • Con supervisión. • Con capacitación. • Contar con un control de las existencias.

CAUSA	EFECTO	ALTERNATIVAS DE SOLUCIÓN
BARRA		
Se "echa a perder" la materia prima (jugos, fruta, abarrotes, etcétera).	Incrementa los costos.	• Con capacitación. • Con supervisión. • Responsabilizando al personal de las mermas. • Planeando la producción. • Contando con recetarios.
Se produce más de lo necesario (preparaciones para cocteles y adornos).	Incrementa los inventarios y reduce la rotación.	• Planeando la producción. • Promoción de las ventas.
Los empleados roban mercancía.	Incrementa los costos.	• Revisar al personal al salir. • Responsabilizar al personal de la mercancía. • Con control de las existencias por copeo.
El personal consume bebidas.	Incrementa los costos.	• Con control de existencias. • Con supervisión.
El *barman* sirve menores porciones y vende o se toma los sobrantes.	• Afecta el prestigio. • Disminuye las ventas.	• Con control de existencias. • Con capacitación. • Con supervisión.
VENTAS		
Los meseros cobran a los clientes sin nota, y si el pago es en efectivo, no lo reportan.	• Incrementa los costos. • Disminuye las ventas.	• Con supervisión. • Con capacitación. • Contando con empleados que actúen como clientes y promuevan esa actividad para detectar a los que lo hacen. • Contar con un sistema de control de existencias.
Hay productos que no se cobran involuntariamente.	• Incrementa los costos. • Disminuye las ventas.	• Contar con un sistema de control de existencias. • Con supervisión. • Con capacitación.

CAUSA	EFECTO	ALTERNATIVAS DE SOLUCIÓN
Los empleados (meseros) extraen más mercancía que la que tienen que dar al cliente y consumen o venden la diferencia.	Incrementa los costos.	• Con supervisión. • Con capacitación. • Contando con empleados que actúen como clientes y promuevan esa actividad para detectar a los que lo hacen. • Contar con un sistema de control de existencias.
Los clientes rechazan productos que no cumplen con sus expectativas.	• Incrementa los costos. • Afecta la imagen del estableci-miento.	• Contar con un sistema de control de calidad. • Revisar la mercancía del comedor.
Hay productos que no se venden.	• Incrementa los costos. • Disminuye la rotación. • Afecta la imagen del estableci-miento.	• Con un buen diseño de menú. • Con capacitación. • Con una buena estructura de precios.
Los precios no son adecuados.	• Disminuye las ventas. • Incrementa los costos.	• Revisar frecuentemente los costos unitarios de todos los productos. • Comparar los precios con la competencia.

En este tipo de empresas es difícil encontrar las fugas debido a la variedad y complejidad de los movimientos de materiales, y también es complicado encontrar soluciones con efectos permanentes.

En México hay grandes corporaciones industriales y comerciales, pero ninguna de restaurantes especializados, debido a lo complejo que resulta controlarlos.

Los hoteles

Como ya se mencionó, los hoteles son en realidad un conjunto de varias empresas, cuya función es lograr su eficiente operación y la satisfacción de los clientes. Evidentemente su control es de los más complejos, ya que además de restaurantes, algunos cuentan con cafetería, bar, salones para banquetes, lavandería, división cuartos, canchas deportivas, agencia de viajes, tienda, etcétera.

A continuación se muestran las causas más importantes que afectan los costos, las consecuencias y alternativas de solución, aunque sin incluir bar, restaurante ni cafetería, ya que son idénticas a las expuestas en el apartado anterior.

CAUSA	EFECTO	ALTERNATIVAS DE SOLUCIÓN
COMPRAS EN GENERAL		
Compras con precios más altos.	Incremento de costos y gastos.	• Comparar permanentemente precios entre varios proveedores. • Tener proveedores alternativos. • Registrar precios de compra y compararlos contra la inflación.
Se recibe menos mercancía de la facturada en la compra.	Incremento de costos.	• Contar las mercancías compradas. • Alternar personal de recepción de mercancía. • Supervisión. • Tener un sistema de control de almacén.
La calidad de las compras no es la pactada.	• Incremento de costos. • Deterioro de imagen. • Problemas de rendimiento.	• Contar con un manual sencillo de recepción, indicando la presentación adecuada. • Capacitación al personal de recepción. • Supervisión.
El personal de recepción o vigilancia extrae mercancías.	Incremento de costos.	• Contar con un sistema de control de almacén. • Revisar al personal al salir. • Supervisión.
La factura para cobro es mayor que la utilizada a la entrega.	Incrementa los costos.	• Con control de contraseñas (sellos) en la recepción. • Contar con un control de almacén. • Cotejar siempre entradas contra cobros. • Supervisión.
TIENDA		
Las mismas que en el ramo comercial.		

CAUSA	EFECTO	ALTERNATIVAS DE SOLUCIÓN
DIVISIÓN CUARTOS		
El personal extrae artículos de limpieza y promocionales.	Incrementa los gastos.	• Realizar un control calculando los materiales que se deberían utilizar por cada cuarto. • Responsabilizar al personal de cada área.
El consumo de artículos de limpieza y promocionales es mayor al normal.	Incrementa los costos.	• Evaluar la calidad de los insumos utilizados, y en su caso, cambiar las marcas o presentaciones. • Capacitar al personal. • Dosificar los insumos en función de su uso.
El consumo de energía eléctrica es mayor al normal.	Incrementa los gastos.	• Contar con relojes de apagado y prendido automático. • Hacer un programa de encendido y apagado de luces. • Verificar toda la instalación para evitar "tierras" que provoquen fugas de corriente. • Verificar las cargas de cada área, ya que el exceso de consumo de alguna de ellas provoca mayor gasto de luz.
El consumo de agua es mayor al normal.	Incrementa los costos.	• Verificar todos los cuartos para detectar fugas. • Supervisar la cantidad de agua utilizada en labores de limpieza. • Regar las áreas verdes en horario nocturno. • Utilizar equipos sanitarios con bajo consumo de agua.
Los gastos de mantenimiento son mayores a lo normal.	Afecta los gastos.	• Programar mantenimiento preventivo de los equipos (principalmente eléctricos). • Capacitación al personal. • Supervisión.
SALONES PARA BANQUETES		
Hay desperdicio de alimentos.	Incrementa los costos.	• Ajustar las compras a los menús y eventos que se tendrán. • Contar con recetarios. • Elaborar contratos para los clientes en donde se garantice un número máximo y mínimo de invitados.

CAUSA	EFECTO	ALTERNATIVAS DE SOLUCIÓN
Hay más personal que el necesario.	Afecta los gastos.	• Planear adecuadamente la cantidad de personal en función de la temporada. • Contar con personal eventual.
Hay menos personal que el necesario.	Afecta la imagen.	• Planear adecuadamente la cantidad de personal en función de la temporada. • Contar con personal eventual.

Como se puede observar, la cantidad de causas que afectan los costos y gastos en los hoteles es grande y variada, y si a esa lista se agregan las descritas en el apartado anterior (*Los restaurantes*) se deduce que los hoteles son las empresas más difíciles de controlar.

La tendencia a nivel mundial es que los hoteles pertenezcan a grandes corporaciones y franquicias, ya que así se puede obtener: mejores precios de compra, mejor promoción y, sobre todo, mejores sistemas de control integral.

El transporte

En este tipo de empresa son pocos los tipos de "fugas" que se pueden encontrar, pero éstas pueden ser tan cuantiosas que, si no se controlan, podrían ocasionar el cierre de la empresa.

A continuación se detallan las principales causas de sobrecostos, su efecto y posibles alternativas de solución en el ramo del transporte:

CAUSA	EFECTO	ALTERNATIVAS DE SOLUCIÓN
COMPRAS EN GENERAL		
Compras de refacciones con precios más altos.	Incremento de costos.	• Comparar permanentemente precios entre varios proveedores. • Tener proveedores alternativos. • Registrar precios de compra y compararlos contra la inflación.
Costos de mantenimiento preventivo mayores a lo normal.	Incremento de costos.	• Comparar permanentemente precios entre varios proveedores. • Tener proveedores alternativos. • Registrar precios de compra y compararlos contra la inflación.

CAUSA	EFECTO	ALTERNATIVAS DE SOLUCIÓN
Se simulan descompostu-ras para no trabajar o lucrar con las reparaciones.	Incrementa los costos.	• Llevar una bitácora de cada unidad y detectar así al personal que incurre constantemente en esas prácticas. • Supervisión.
El consumo de combustibles es mayor al normal.	Incrementa los costos.	• Llevar una bitácora de cada unidad y detectar así las unidades y el personal que normalmente tienen ese problema. • Con mantenimiento preventivo de las unidades. • Detectar las unidades que tienen mayor consumo urbano y utilizarlas sólo en carretera, y viceversa. • Renovar constantemente el parque vehicular, además de las ventajas fiscales que ello implica. • Contar con varias estaciones de suministro de combustible y comparar el rendimiento para cada unidad.
El personal ocupa las unidades para sus negocios personales.	Afecta los costos.	• Contar con una bitácora de cada unidad. • Registrar todos los tiempos de cada recorrido. • Con supervisión.
Constantes accidentes.	Afecta la inversión, la imagen y los costos.	• Con capacitación. • Supervisión. • Utilizando rutas y horarios de menor riesgo.
Se cambian piezas y refacciones por otras de mayor edad o menor calidad.	Afecta la inversión, la imagen y los costos.	• Contar con una bitácora de cada unidad. • Capacitación. • Supervisión. • Inventariar y responzabilizar al personal de todas las piezas.

Como se puede observar, la mayor parte de las causas de sobrecostos y gastos en todos los tipos de empresas son ocasionados por errores o acciones negativas del personal que labora en la empresa, y todas ellas pueden controlarse, principalmente, con una adecuada contratación, capacitación y supervisión.

Capítulo 7

El análisis financiero

En los temas tratados, como estados financieros, registro de operaciones y cálculo y control del costo, se puede obtener gran cantidad de información contable de la empresa, pero lo realmente importante es procesarla para detectar fallas y oportunidades, y poder tomar decisiones. En este capítulo se describen una serie de técnicas encaminadas al procesamiento de la información, desde procedimientos triviales, como el análisis cuenta por cuenta, hasta muy complejos, como las proyecciones financieras.

Muchas empresas nacionales e internacionales cuentan con verdaderos ejércitos de personas que día con día producen gran cantidad de información, pero en la mayoría de los casos no saben qué hacer con ella.

ANÁLISIS CUENTA POR CUENTA

En la ingeniería industrial existe un procedimiento denominado "lote económico de compra" que se utiliza para calcular la cantidad óptima de mercancía que una empresa debe adquirir.

La conclusión de este procedimiento es que si se compra demasiado, tratando de obtener buenos precios, las mermas, los robos y el costo financiero serán tan altos, que desvanecerán el efecto de comprar barato. Y si por el contrario, con el afán de minimizar las mermas, los robos, los costos por almacenar y los costos financieros se compra en pequeñas cantidades, muchas veces, seguramente, se generarán problemas operativos, altos gastos por fletes, precios de compra altos, etcétera.

Para optimizar los costos y gastos derivados del número de unidades de materiales compradas, la empresa debe comprar sin caer en los extremos, es decir, no comprar mucho ni poco. Con ello, la combinación de todas las variables será la ideal.

Con un ejemplo se entenderá mejor el concepto. Supongamos que una empresa requiere 1000 unidades de materia prima al año, y que tiene costos de mantenimiento (refrigeración, mermas, costo financiero, costo de oportunidad, espacio, seguros, etcétera) de 2 pesos por unidad, en promedio. Además, el hecho de pedir la mercancía (fletes, acarreos, seguros, depreciación de unidades de transporte, etcétera), le cuesta 150 pesos por evento, en promedio. Así, evaluaremos financieramente tres alternativas: *a)* comprar las mil unidades al principio del año, *b)* comprar 500 piezas en dos ocasiones y *c)* comprar 250 piezas en cuatro ocasiones. Nótese que en todos los casos la empresa consumirá 1000 piezas, y el análisis sólo consiste en determinar el número óptimo de compras.

Para obtener el costo total, comenzaremos con el desarrollo de una serie de fórmulas sencillas:

Inventario promedio = unidades compradas / 2

Costo de mantenimiento total = inventario promedio × costo de mantenimiento promedio por unidad

Número de pedidos = unidades requeridas / unidades compradas

Costo total del hecho de pedir = número de pedidos × costo de pedir por evento

Considerando los datos y las fórmulas anteriores, se desprende la siguiente tabla que evalúa las tres alternativas:

ALTERNATIVA CONCEPTO	A	B	C
COMPRA	**1000 pz.**	**500 pz.**	**250 pz.**
Inventario promedio	500	250	125
Costo de mantenimiento	1000	500	250
Número de pedidos	1	2	4
Costo de pedir total	150	300	600
Costo total	$ 1,150	**$ 800**	$ 850

Evidentemente, la alternativa más adecuada es la "B", ya que representa el costo total más bajo ($800); si se eligiera la alternativa "A", representaría gastar $350 más; y en el caso de la "C", $50 más. Por lo tanto, comprobamos que:

EL ÓPTIMO NUNCA SE ENCUENTRA EN LOS EXTREMOS

Este principio tiene aplicación en todas las ciencias, disciplinas y actividades, como medicina, física, química, psicología, deporte, negocios, diseño, etcétera.

En el caso del análisis financiero de cuenta por cuenta, este principio resulta vital, ya que todas las cuentas de los estados financieros tienen un nivel óptimo en función del tipo de empresa, de su tamaño y de su entorno. Este procedimiento consiste en preguntarse si el saldo que actualmente tiene la empresa en cada una de sus cuentas es el ideal.

Si se analiza el estado de situación final visto en el capítulo 3, tendremos:

MANUFACTURERA CENTRAL, S.A. DE C.V.
BALANCE GENERAL
Al 31 de diciembre de 2003

ACTIVO		PASIVO	
CIRCULANTE		A CORTO PLAZO	
Caja	110	Salarios por pagar	20
Bancos	3,788.4	Proveedores	300
Clientes	60	Acreedores diversos	500
Inventarios	180		
		A LARGO PLAZO	
FIJO		Préstamo bancario	3,282
Equipo de transporte	400	Préstamo hipotecario	2,500
Dep. de equipo de trans.	–36		
Equipo de oficina	200		
Maquinaria	3,300	SUMA EL PASIVO	6,602
Edificio	3,000		
Terreno	6,000	CAPITAL CONTABLE	
		Capital social	10,400
INTANGIBLE		Utilidades de ejercicios ant.	
Seguros pagados por ant.	10	Utilidad del ejercicio	20.4
Depósitos en garantía	5		
Marca registrada	5	SUMA EL CAPITAL	10,420.4
SUMA EL ACTIVO	17,022.4	SUMA EL P. MÁS C.	17,022.4

En primer término está la cuenta de caja, cuyo saldo es $110; éste debe ser suficiente para hacer frente a los gastos de caja chica o dar cambio a los pagos en efectivo de los clientes (según su naturaleza), pero al mismo tiempo debe ser lo suficientemente pequeño como para que no implique un costo financiero o el riesgo de ser robado.

Aunque la cuenta de *caja* es quizá la menos significativa de todo el balance general, cualquier exceso o faltante en su saldo implica riesgos o problemas operacionales y, en ambos casos, afectará la rentabilidad de la empresa.

A continuación se muestra un cuadro en donde se listan todas las cuentas del balance general, lo que implicaría un exceso en su saldo, un faltante y, finalmente, una recomendación para calcular su valor ideal.

CUENTA	EXCESO	FALTANTE	RECOMEN-DACIÓN
Caja	Un exceso implica dinero improductivo y riesgo de robos.	Un faltante implica problemas operacionales al no contar con saldo para trabajar.	Un saldo que permita ser reembolsado por lo menos cada semana.
Bancos	Implica dinero improductivo, ya que las tasas reales bancarias son menores a la inflación, además de riesgo de robos.	Problemas de liquidez y solvencia al no poder hacer frente a todos los pagos; puede adelantar la quiebra de la empresa.	Un saldo que permita pagar los gastos y compras e impuestos de por lo menos 30 días naturales.
Clientes	Implica problemas de cobranza o morosidad de los clientes.	Perder la oportunidad de incrementar las ventas al no otorgar créditos	El promedio de las ventas diarias a crédito multiplicadas por el número de días otorgados a los clientes.
Inventarios	Implica dinero improductivo, mermas, problemas de espacio y calidad y robos.	Problemas de operación, para la producción, y comprar pequeñas cantidades a precios altos.	Un saldo que permita rotación de 2, 4 y 1 veces para comercio, restaurantes e industria, respectivamente.
Equipo de transporte	Inversión improductiva, gastos de mantenimiento y robo de piezas.	Problemas de distribución y comercialización.	Sólo el equipo suficiente que permita distribuir la mercancía;

CUENTA	EXCESO	FALTANTE	RECOMEN-DACIÓN
			además de ser de reciente modelo, que permita tener bajos gastos de mantenimiento y pocas averías.
Equipo de oficina	Inversión improductiva, gastos de mantenimiento y limpieza.	Falta de espacios para personal ad-ministrativo y problemas de productividad.	Sólo el suficiente para atender al personal administrativo.
Maquinaria	Inversión improductiva, gastos de mantenimiento, espacio y robo de piezas.	Problemas de producción y rentabilidad de la empresa.	Sólo el equipo suficiente que permita producir la mercancía, y de modelo reciente para tener bajos gastos de mantenimiento y pocas averías.
Edificio	Inversión improductiva, gastos de mantenimiento y limpieza.	Falta de espacios para personal administrativo y problemas de productividad.	Sólo el suficiente para atender al personal administrativo.
Terreno	Inversión improductiva.	Problemas para crecer.	Sólo el suficiente para atender al personal administrativo, la producción y proyectos de crecimiento de

CUENTA	EXCESO	FALTANTE	RECOMENDACIÓN
			corto y mediano plazo.
Seguros pagados por anticipado	Inversión improductiva.	No cubrir los riesgos.	Un seguro que estrictamente cubra las necesidades de la empresa, no de las aseguradoras.
Salarios por pagar	Inconformidad del personal, problemas de productividad.	No hay implicaciones	Cubrir con oportunidad las remuneraciones al personal.
Proveedores	Problemas de suministro y sobreprecios.	No utilizar alternativas de financiamiento sanas y económicas.	Cubrir con oportunidad los pagos a proveedores y tratar de obtener mejores condiciones de precio y crédito combinados.
Acreedores diversos	Problemas legales y de gastos financieros.	No utilizar alternativas de financiamiento sanas y económicas que justifiquen la rentabilidad de nuevos proyectos.	Cubrir con oportunidad los pagos a acreedores, y sólo acceder a este tipo de financiamiento si las condiciones son apropiadas.
Préstamo bancario	Problemas legales y de gastos financieros.	No utilizar alternativas de financiamiento sanas y	Cubrir con oportunidad los pagos a préstamos bancarios, y

CUENTA	EXCESO	FALTANTE	RECOMEN-DACIÓN
		económicas que justifiquen la rentabilidad de nuevos proyectos.	sólo acceder a este tipo de financiamiento si las condiciones son apropiadas.
Préstamo hipotecario	Problemas legales y de gastos financieros.	No utilizar alternativas de financiamiento sanas y económicas que justifiquen la rentabilidad de nuevos proyectos.	Cubrir con oportunidad los pagos hipotecarios, y sólo acceder a este tipo de financiamiento si las condiciones son apropiadas.
Capital social	Exceso de inversión por parte de los socios, lo que seguramente comprometerá su rentabilidad.	Contar con una empresa carente de capital que le permita ser rentable y eficiente.	Estudiar el monto mínimo necesario para contar con una empresa rentable y funcional.

Como se puede observar, todas las cuentas tienen un óptimo, que dependerá de su giro, tamaño, mercado y proyectos de crecimiento. Cualquier exceso o faltante en alguna de las cuentas puede comprometer la rentabilidad e incluso la vida de la empresa.

Ante los embates de la globalización, el diseño y la planeación de las empresas debe ser cada vez más eficiente; en la medida en que ese diseño sea mejor, eliminará muchas posibilidades de fracaso del negocio.

Cuando se empieza un nuevo negocio, se cae en excesos de optimismo que conducen a invertir de más en determinados rubros, lo que evita generalmente la rentabilidad de la empresa.

ANÁLISIS VERTICAL

Uno de los principios básicos del análisis financiero es que una cantidad, por sí sola, no puede ser analizada, sino hasta que se compara con otra. Si, por ejemplo, una empresa tiene utilidades por 30,000 pesos, no es posible afirmar que sea un monto adecuado sino hasta que se determine en cuánto tiempo se generó, el tipo de empresa y, sobre todo, la inversión y el tiempo que dedicaron sus accionistas para obtenerla.

Si se trata de un pequeño comercio informal que genera esa utilidad en forma semanal, podemos afirmar que es un magnífico negocio, pero si esa utilidad corresponde a una gran empresa transnacional, quizá se encuentre al borde de la quiebra aunque dicho rendimiento se genere diariamente.

El análisis vertical consiste en comparar los montos de cada una de las cuentas de los estados financieros entre una cantidad conocida como base, que en el caso del balance general es la suma del activo, y en el estado de resultados, son las ventas.

Si obtenemos la relación porcentual de los estados financieros que se determinaron al final del capítulo tres, tendremos las cifras que se determinan en la página siguiente.

De la relación porcentual obtenida en la empresa Manufacturera Central, S.A. de C.V., se puede obtener la siguiente interpretación (conceptos más significativos):

1. De cada peso que vale la empresa, tiene 24 centavos invertidos en capital de trabajo (activo circulante), 75 en activos fijos y menos de uno en intangibles.
2. Sólo el 1% del valor de la empresa está representado por los inventarios, lo que significa que se cuenta con poca materia prima para procesar, y productos para vender, situación riesgosa para la empresa.
3. Mucho menos del uno por ciento del valor de la empresa lo componen las cuentas por cobrar a los clientes, lo que supone que no se está aprovechando la posibilidad de vender a crédito para incrementar las ventas.
4. El 35% del valor de la empresa lo compone el terreno, lo que para una empresa del ramo industrial puede ser muy alto y al mismo tiempo poco productivo.

MANUFACTURERA CENTRAL, S.A. DE C.V.
ESTADO DE SITUACIÓN
Al 31 de diciembre de 2003
Relación porcentual a suma del activo

ACTIVO				
CIRCULANTE				
Caja	110	0.65%		
Bancos	3,788.4	22.26%		
Clientes	60	0.35%		
Inventarios	180	1.06%		
SUMA EL ACTIVO CIRCULANTE			4,318.4	24.31%
FIJO				
Equipo de transporte	400	2.35%		
Dep. de equipo de transporte	–36	–0.21%		
Equipo de oficina	200	1.17%		
Maquinaria	3,300	19.39%		
Edificio	3,000	17.62%		
Terreno	6,000	35.25%		
SUMA EL ACTIVO FIJO			12,864	75.57%
INTANGIBLE				
Seguros pagados por anticipado	10	0.06%		
Depósitos en garantía	5	0.03%		
Marca registrada	5	0.03%		
SUMA EL A. INTANGIBLE			20	0.12%
SUMA EL ACTIVO			17,022.4	100.00%
PASIVO				
Salarios por pagar	20	0.12%		
Proveedores	300	1.76%		
Acreedores diversos	500	2.94%		
Préstamo bancario	3,282	19.28%		
Préstamo hipotecario	2,500	14.69%		
SUMA EL PASIVO			6,602	38.78%
CAPITAL CONTABLE				
Capital social	10,400	61.10%		
Utilidades de ejercicios ant.	0	0.00%		
Utilidad del ejercicio	20.4	0.12%		
SUMA EL CAPITAL			10,420.4	61.22%
SUMA EL PASIVO MÁS EL CAPITAL			17,022.4	100.00%

5. Los recursos que obtuvo la empresa como financiamiento, 61% son propios (capital) y 38% los financian terceras personas (pasivo), situación que aparentemente luce sana.
6. De las deudas, que representan 38%, casi 34% son de largo plazo [préstamo bancario (19.27%) y préstamo hipotecario (14.69%)], por lo que la empresa no tiene que liquidar compromisos en los próximos doce meses, salvo salarios por pagar, proveedores y acreedores diversos, que representan el restante 2.88%, saldos muy poco cuantiosos y totalmente manejables en la operación de una empresa.
7. De los recursos propios que representan 61.22%, casi la totalidad (61.10%) pertenecen a los accionistas, y sólo 0.12% a la propia empresa, situación normal al tratarse de su primer ejercicio.

De los puntos descritos, vale la pena tener cuidado con lo observado en los incisos 2, 3 y 4, que representan un probable riesgo para el negocio. Por lo tanto, cabe destacar que mientras no se conoce la proporción de una cantidad con respecto a otra, no se puede deducir prácticamente nada.

Para analizar cualquier empresa es conveniente comparar los mismos estados financieros, pero de diferentes fechas, para conocer la variación de las proporciones, y así saber si la tendencia es favorable o no en cada una de las cuentas. Normalmente, y sin darse cuenta, las empresas sufren transformaciones imperceptibles, que se detectan sólo hasta que son prácticamente imposibles de corregir.

Las proporciones ideales dependen del ramo, del tamaño, de si los activos fijos son propios o rentados, de la competencia y, sobre todo, del entorno macroeconómico. Dichas proporciones ideales no son en ningún caso constantes, y de la medida en que se acerque a ese óptimo, dependerá el éxito de la empresa.

En cuanto al estado de resultados, la relación porcentual queda como se muestra en la siguiente página.

De la información procesada, se puede deducir que:

1. De cada peso vendido, 41, 19, 28 y 5 centavos fueron utilizados para absorber los costos, gastos, intereses e impuestos, respectivamente.
2. La proporción de 41.38% luce correcta, debido a que se trata de una empresa del ramo industrial.

MANUFACTURERA CENTRAL, S.A. DE C.V.
ESTADO DE RESULTADOS
Del 1 de enero al 31 de diciembre de 2003
Relación porcentual a ventas

Ventas	290	100.00%
–Costos	120	41.38%
–Gastos	56	19.31%
+Productos financieros	2	0.69%
–Gastos financieros	82	28.28%
=Utilidad financiera	34	11.72%
–Impuesto sobre la renta	10.2	3.52%
–Reparto de utilidades	3.4	1.17%
=Utilidad neta	20.4	7.03%

Las proporciones de costo manejadas normalmente para cada tipo de empresa son:

RAMO	PROPORCIÓN DE COSTO
Industrial	60 a 90%
Comercial	50 a 80%
Servicios:	
Restaurantes	25 a 35%
Hoteles	40 a 60%
Transporte	40 a 60%

La proporción ideal, además del giro, dependerán de su tamaño, la competencia y el entorno macroeconómico.

3. De cada peso vendido, casi 12 centavos representan utilidad después de impuestos.
4. El impacto de los gastos (19.31%) luce a primera vista muy alto, si se toma como referencia que se trata de una industria.

Las proporciones de gasto manejadas normalmente para cada tipo de empresa son:

RAMO	PROPORCIÓN DE GASTO
Industrial	10 a 15%
Comercial	5 a 20%
Servicios:	
Restaurantes	25 a 35%
Hoteles	20 a 30%
Transporte	15 a 40%

5. Los gastos financieros representan 28.28%, monto que equivale a más del doble de la utilidad, proporción que resulta inadmisible si consideramos que en bancos existe el saldo suficiente para liquidar poco más de la mitad de las deudas de largo plazo que generan esos intereses.
6. Los productos financieros equivalen a menos del uno por ciento de las ventas, por lo que además de lo expuesto en el párrafo anterior, el saldo bancario tan elevado sólo representa dinero improductivo para la empresa.

Al igual que en el análisis del estado de situación, conviene comparar las proporciones de varios estados de resultados de la misma empresa, pero de diferentes fechas, con el objetivo de detectar variaciones y proponer mejoras antes de que sea demasiado tarde.

Si por ejemplo se contara con estados financieros de los meses de abril y mayo de una misma empresa, sería casi imposible compararlos si se toma en cuenta que se trata de dos meses con 30 y 31 días, respectivamente, además de que en el primero se cuenta (tal vez) con el efecto (positivo o negativo, según el giro) de la Semana Santa; sin embargo, al compararlos en función de las proporciones, sí se podrá deducir información importante para la toma de decisiones.

ANÁLISIS HORIZONTAL

El análisis horizontal, como su nombre lo indica, consiste en calcular la variación porcentual entre las mismas cuentas, de una misma empresa, pero de diferentes fechas (dicho de otra manera: *a una misma altura*). El objetivo es conocer qué tanto cambiaron porcentualmente, para deducir si la empresa ha tomado medidas que favorecen su rentabilidad y operación.

Supongamos que de la empresa Manufacturera Central, S.A. de C.V. hay un estado de situación y un estado de resultados; así, se desarrolla el análisis vertical como se indica en la página siguiente.

Después de calcular la variación del 2002 al 2003 de la empresa Manufacturera Central, S.A. de C.V. en su balance general, podemos deducir que:

1. Su cuenta de caja observó una variación de menos de 8%, lo que supone un manejo más eficiente de sus gastos de caja chica.
2. La cuenta más cuantiosa del activo circulante, bancos, aunque tuvo un incremento de 0.62%, comparándolo con la inflación en México en ese periodo, realmente disminuyó.
3. Las cuentas de clientes e inventarios reflejaron también una disminución de 25 y 40%, respectivamente, lo que en el primer caso puede ser síntoma de que se ejerce mejor la cobranza, o se han dejado de realizar ventas a crédito; y en la cuenta de inventarios, la disminución puede reflejar que es más eficiente el manejo de inventarios, o que la empresa se está descapitalizando. En ambos casos la primera posibilidad representa una mejora para la empresa, y en la segunda, un riesgo. Conviene conocer las razones reales de que la empresa haya tenido esas disminuciones para emitir un juicio al respecto.
4. El activo fijo no tuvo adquisiciones o ventas en el ejercicio, y la única variación corresponde a la depreciación normal.
5. Los salarios por pagar tuvieron un incremento de $20, cantidad que puede explicarse por el día en que cerró el año, y quizá en el segundo año el pago a los trabajadores estaba muy próximo.
6. La cuenta de proveedores disminuyó considerablemente (53.85%), lo que puede representar que se es más cumplido con ellos, o que se deben negociar mejores condiciones de precio.
7. La cuenta de acreedores diversos aumentó en una proporción similar al decremento de proveedores. En este caso es conveniente conocer el costo del financiamiento, así como el destino de los recursos, ya que en la cuenta de bancos existe saldo suficiente para liquidar la referida deuda.

MANUFACTURERA CENTRAL, S.A. DE C.V.
ESTADO DE SITUACIÓN
Análisis horizontal 2002 vs 2003

ACTIVO	2002	2003	VAR. PORCEN- TUAL	
CIRCULANTE				
Caja	120	110	–8.33%	
Bancos	3,765	3,788.4	0.62%	
Clientes	80	60	–25.00%	
Inventarios	300	180	–40.00%	
SUMA EL ACTIVO CIRCULANTE	4,265	4,138.4		–2.97%
FIJO				
Equipo de transporte	400	400	0.00%	
Dep. de equipo de trans.	–18	–36	100.00%	
Equipo de oficina	200	200	0.00%	
Maquinaria	3,300	3,300	0.00%	
Edificio	3,000	3,000	0.00%	
Terreno	6,000	6,000	0.00%	
SUMA EL A. FIJO	12,882	12,864		–0.14%
INTANGIBLE				
Seguros pag. por ant.	0	10		
Depósitos en garantía	5	5	0.00%	
Marca registrada	5	5	0.00%	
SUMA EL ACTIVO INTANGIBLE	10	20		100.00%
SUMA EL ACTIVO	17,157	17,022.4		–0.78%
PASIVO				
Salarios por pagar	0	20		
Proveedores	650	300	–53.85%	
Acreedores diversos	320	500	56.25%	
Préstamo bancario	3,282	3,282	0.00%	
Préstamo hipotecario	2,500	2,500	0.00%	
SUMA EL PASIVO	6,752	6,602		–2.22%
CAPITAL CONTABLE				
Capital social	10,400	10,400	0.00%	
Utilidades de ejercicios anteriores	0	0		
Utilidad del ejercicio	5	20.4	308.00%	
SUMA EL CAPITAL	10,405	10,420.4		0.15%
SUMA EL PAS. MÁS EL CAPITAL	17,157	17,022.4		–0.78%

8. Las cuentas de préstamos bancario e hipotecario no tuvieron variaciones, situación que supone que los intereses se liquidaron con oportunidad, además de que no se realizó un pago anticipado a esas deudas de largo plazo.
9. La cuenta de utilidad del ejercicio tuvo un incremento de 308%, pero no es ni con mucho suficiente para justificar la enorme inversión hecha por los socios.

Los incrementos o disminuciones en las cuentas entre esos dos años pueden significar tanto aspectos positivos como negativos para la empresa; para conocer su impacto real, habrá que contar con mayor información y, sobre todo, hacer un análisis más profundo, cuyo procedimiento será visto en los próximos capítulos.

En cuanto al estado de resultados de la misma empresa, y considerando que hubiera tenido un ejercicio previo, tendríamos:

MANUFACTURERA CENTRAL, S.A. DE C.V.
ESTADO DE RESULTADOS
Análisis horizontal 2002 vs 2003

Ventas	310	290	–6.45%
–Costos	101	120	18.81%
–Gastos	33	56	69.70%
+Productos financieros	4	2	–50.00%
–Gastos financieros	171	82	–52.05%
=Utilidad financiera	9	34	277.78%

Una vez calculada la variación porcentual, podemos llegar a las siguientes conclusiones:

1. Las ventas disminuyeron poco más de 6%; por lo tanto, el decremento de la cuenta de clientes (conclusión 3 del análisis horizontal del balance general) coincide con que hay ventas que se han dejado de efectuar por no otorgar créditos. De cualquier manera, si ese decremento se suma al incremento de la inflación, se obtiene que las ventas realmente disminuyeron 11.45% (6.45% de las ventas más 5% de inflación).
2. A pesar de que las ventas disminuyeron, y en teoría el costo es proporcional, este último aumentó más de 18%, lo que refleja un problema de control y posibles fugas, como robos,

precios de compra altos o mermas. Con ello se deduce que el decremento de inventarios (conclusión 3 del análisis anterior) no mejoró el manejo de mercancía.

3. Los gastos crecieron casi 70%, y no existe una razón inflacionaria o de incremento de operaciones que lo justifique; por lo tanto, existe un despilfarro de recursos que no se ha reflejado en las ventas.
4. Los productos financieros disminuyeron a la mitad, situación entendible por el decremento en las tasas bancarias sobre depósito. Esta situación resulta un argumento adicional para liquidar las deudas (préstamos bancario e hipotecario) con tasas infinitamente más altas.
5. Los gastos financieros disminuyeron 52%, lo que se explica también por la disminución del costo del dinero en México. Aun así, su impacto en las utilidades de la empresa es catastrófico.
6. Aunque existió un incremento significativo en las utilidades, como se comentó en el análisis del balance, no justifica la enorme inversión y tamaño de la empresa, y en cualquier momento esas utilidades se convertirán en pérdidas, sólo con una pequeña variación de las tasas de interés, ya que el manejo de la empresa en general es menos eficiente.

Como conclusión, se puede afirmar que la empresa, aunque aparentemente está mejor debido al incremento en las utilidades (278%), presenta realmente problemas de control del costo y del gasto, de disminución de ventas y, en general porque no se tomaron en ese periodo decisiones que mejoraran la operación y la rentabilidad de la empresa. Es muy probable que esa enorme liquidez que presenta en bancos (y que se encuentra ociosa) se esfume gradualmente para soportar las pérdidas que seguramente tendrá en los próximos ejercicios, ya que el incremento en sus utilidades se debió a que la tasa de interés sobre préstamos disminuyó considerablemente.

Como se puede observar, en el caso de la empresa Manufacturera Central, el análisis del incremento o decremento de cada cuenta debe interpretarse tomando en cuenta:

- Los incrementos o decrementos de otras cuentas.
- La inflación de ese periodo.
- La variación en las tasas de interés.

- Las acciones tomadas por los directores de la empresa.
- Las acciones tomadas por la competencia.
- Las oportunidades de mercado.
- Otras variaciones de ejercicios anteriores (si los hay) para detectar tendencias.

Para la empresa Manufacturera Central se recomienda específicamente:

- Controlar el costo.
- Mejorar la eficiencia de los inventarios, ya que sólo rotan menos de una vez al mes.
- Promover las ventas por medio de créditos.
- Controlar los gastos.
- Liquidar anticipadamente parte de las deudas a largo plazo.
- Tratar de obtener mejores condiciones por parte de los proveedores al pagarles más oportunamente.
- Actualizar el valor de los activos fijos tomando en cuenta la inflación.
- Estudiar la conveniencia de no contar con activos fijos tan costosos, ya que representan una inversión que difícilmente será justificada con las utilidades que pudiera generar esta empresa.

LOS ÍNDICES FINANCIEROS

Hemos visto que un dato expresado en los estados financieros no se puede interpretar hasta que se le compara con otro: en el análisis vertical se le compara con una cantidad base (suma del activo o ventas) y en el horizontal con el mismo rubro, pero de otro periodo; sin embargo, ciertas comparaciones pueden significar muy poco o quizá nada, debido a que la naturaleza de las cuentas es muy distinta; por ejemplo, al comparar ventas con gastos financieros por medio del porcentaje, se obtiene una proporción que a fin de cuentas no significa nada, ya que a mayores o menores ventas, los gastos financieros seguramente no tendrán por qué variar.

Los índices financieros son una serie de proporciones entre dos o más cuentas de naturaleza similar, y por ende, su resultado sugerirá si existe o no un manejo adecuado de los recursos, de la productividad de la empresa o si ésta se encuentra en riesgo.

Existen tres grandes grupos de índices financieros:

- De liquidez.
- De solvencia.
- De rendimiento.

Liquidez

Las llamadas razones de liquidez miden las cuentas que tienen que ver con la disponibilidad inmediata de recursos. Dicho de otra manera, calculan si los saldos en las cuentas de activo circulante son adecuados en función de las necesidades de la empresa, al compararlas con otras cuentas o conceptos. A continuación se describen las principales razones de liquidez utilizadas a nivel internacional, además de algunas que vale la pena comentar (aunque no se encuentren en ningún otro texto).

Rotación de inventarios

Mide la eficiencia en el manejo del almacén de la empresa. La palabra rotación sugiere el número de "vueltas" o de veces que, en promedio, el inventario entra y sale del almacén. Su fórmula es:

$$\text{Rotación de inventarios} = \frac{\text{Costo de materiales}}{\text{Inventario}} = \text{\# de vueltas}$$

en donde el costo de materiales representa, en el ramo comercial o de servicios, el costo de ventas de la empresa, y en el industrial sólo el costo de la materia prima utilizada, ya que los conceptos de mano de obra y gastos de producción no son compatibles con los inventarios para calcular una proporción.

Si sustituimos las variables por los datos de los estados financieros de la empresa Manufacturera Central y suponemos que el costo es mensual, obtendremos que:

$$\text{Rotación de inventarios} = \frac{120}{180} = .67 \text{ vueltas}$$

El hecho de que la rotación de inventarios de la empresa tenga .67 "vueltas" al mes, significa que las existencias de mercancía en el almacén de la empresa son más altas de lo que ésta pueda necesitar. Habrá artículos que permanezcan hasta mes y medio sin ser utilizados. Inventarios elevados ocasionan robos, mermas, obsolescencia de la mercancía, costos de oportunidad altos y, evidentemente, requerirán de que la empresa cuente con un almacén muy grande, lo que a su vez ocasiona otros gastos e inversión improductiva.

Algunos textos aseguran que a mayor rotación (mayor número de vueltas), la empresa es más eficiente, situación que es errónea, ya que, como se explicó en el análisis cuenta por cuenta, comprar en pequeñas cantidades ocasiona muchas veces problemas operativos y otros egresos indirectos. En México, la mayoría de los proveedores son tan poco confiables, que minimizar los inventarios afectará invariablemente la producción y las ventas.

A continuación se muestra un cuadro con las rotaciones ideales para cada tipo de empresa en función de su giro.

Tipo de empresa	Rotación mensual sugerida
Ramo industrial	de 1 a 4 veces
Ramo comercial	de 1 a 8 veces
Ramo de los servicios	de 4 a 8 veces

Estas rotaciones ideales pueden tener variaciones significativas en función de:

- La caducidad de la materia prima.
- El espacio con que cuenta la empresa para almacenar.
- La confiabilidad de los proveedores.
- La uniformidad en el consumo, ventas y producción.
- El costo de la materia prima.
- La posibilidad de que el costo de la materia prima se incremente o disminuya en el corto plazo.
- Las distancias y costos de transportación entre la empresa y sus proveedores y clientes.

Rotación de caja

Se refiere al número de veces que la cuenta de caja es reembolsada cada mes; su fórmula es la siguiente:

$$\text{Rotación de caja} = \frac{\text{Gastos de caja chica al mes}}{\text{Caja}} = \text{\# de reembolsos}$$

Si sustituimos las variables por los datos de los estados financieros de la empresa Manufacturera Central y suponemos que los gastos de caja chica mensuales son de $30, obtendremos que:

$$\text{Rotación de caja} = \frac{30}{110} = .27 \text{ reembolsos}$$

El hecho de que la rotación de caja de la empresa tenga .27 "reembolsos" al mes, significa que el fondo de caja de la empresa es mucho más alto de lo que ésta pueda necesitar. El saldo que ésta tiene, tarda casi cuatro meses en ocuparse en promedio (1 entre .27). Contar con saldos muy altos en caja representa riesgos de robos y problemas de control.

La rotación de caja recomendada para cualquier tipo de empresa es de, por lo menos, 4 "reembolsos" al mes, es decir, mínimo una vez cada semana. Conviene fijar un día establecido para cuantificar las notas pagadas y reintegrar el efectivo (se recomienda de martes a jueves, porque son días de menor movimiento bancario).

Rotación de bancos

Representa el promedio del número de veces que se gasta y se recupera el dinero en el banco; su fórmula es:

$$\text{Rotación de bancos} = \frac{\text{Monto de cheques emitidos al mes}}{\text{Bancos}} = \text{\# de veces}$$

Si sustituimos las variables por los datos de los estados financieros de la empresa Manufacturera Central y suponemos que el monto de los cheques y retiros electrónicos mensuales es de $450, obtendremos que:

$$\text{Rotación de bancos} = \frac{450}{3{,}788.40} = .12 \text{ veces}$$

El hecho de que la rotación de bancos de la empresa tenga .12 "veces" al mes, significa que la disponibilidad de dinero de la empresa es mucho más alta de lo que ésta pueda necesitar. El saldo que ésta tiene, tarda más de ocho meses en ocuparse en promedio (1 entre .12). Contar en bancos con saldos muy altos representa riesgos de robos y problemas de control, además de un altísimo costo financiero y de oportunidad.

De alguna manera la interpretación de este índice financiero confirma lo expuesto en los apartados *análisis cuenta por cuenta* y *análisis horizontal* de este capítulo con respecto al saldo bancario.

La rotación de bancos recomendada para cualquier tipo de empresa es de por lo menos una vez al mes, es decir, mínimo una vez cada treinta días para empresas que pagan sus impuestos mensualmente, y de cada 45 días para las que lo hacen trimestralmente, ya que este rubro suele tener un peso muy significativo en los egresos e ingresos, principalmente debido a las retenciones de IVA e ISR.

Rotación de clientes

Representa el promedio del número de veces que se otorgan y se recuperan los créditos a los clientes; su fórmula es:

$$\text{Rotación de clientes} = \frac{\text{Ventas a crédito}}{\text{Clientes}} = \text{\# de veces}$$

Si sustituimos las variables por los datos de los estados financieros de la empresa Manufacturera Central y suponemos que el monto de las ventas a crédito es de 80 pesos mensuales, obtendremos que:

$$\text{Rotación de clientes} = \frac{80}{60} = 1.33 \text{ veces}$$

El hecho de que la rotación de clientes de la empresa sea de 1.33 "veces" al mes, significa que la cobranza tarda poco menos de un mes en efectuarse. Para conocer el número de días promedio que la empresa tarda en cobrar, se utiliza la siguiente fórmula:

$$\text{Días cartera} = \frac{30}{\text{Rotación de clientes}} = \text{\# de días}$$

Si se sustituye el dato obtenido en la rotación de clientes, tenemos:

$$\text{Días cartera} = \frac{30}{1.33} = 22.56 \text{ días}$$

La rotación de clientes recomendada para cualquier tipo de empresa depende del número de días de crédito promedio que otorgue a sus clientes, y este dato debe compararse con los días cartera obtenidos en la fórmula anterior. Para Manufacturera Central, esta comparación será de:

DÍAS CARTERA	CRÉDITO	EXCESO
22.56 días	15 días	7.56 días

Esta comparación indica que la empresa tarda, en promedio, 7.56 días de más en cobrar a los clientes, situación que resulta aceptable de acuerdo con lo observado normalmente en México.

Activo circulante a activo total

Esta relación calcula cuántos centavos de cada peso que tiene la empresa corresponden al capital de trabajo (activo circulante). Su fórmula es:

$$\text{A.C. a A.T.} = \frac{\text{Activo circulante}}{\text{Activo total}} \times 100$$

Si sustituimos las variables, por los datos de los estados financieros de la empresa Manufacturera Central obtendremos que:

$$\text{A.C. a A.T.} = \frac{4{,}318.40}{17{,}022.40} \times 100 = 25.37\%$$

El 25.37% significa que, de cada peso invertido en la empresa Manufacturera Central, poco más de 25 centavos conforman el "capital de trabajo". A continuación se muestra una tabla con los porcentajes sugeridos para cada tipo de empresa:

TIPO DE EMPRESA	PROPORCIÓN SUGERIDA*	RAZÓN PRINCIPAL
1. Ramo industrial	20 a 50%	Alto costo de activos fijos.
2. Ramo comercial	40 a 80%	Alta inversión en inventarios.
Ramo de los servicios		
3. Sector restaurantero	30 a 50%	Alto costo de activos fijos.
4. Sector financiero	60 a 95%	Casi la totalidad de los activos está representada en la colocación (instrumentos de inversión y créditos).
5. Sector hotelero	10 a 30%	Alta inversión en activos fijos.
6. Sector transportes	5 a 30%	Alta inversión en activos fijos.

*La variación en el rango depende principalmente de si los activos fijos son propios o arrendados.

Solvencia

Son una serie de fórmulas que miden la capacidad de pago de la empresa. Dicho de otra forma, se define si el negocio cuenta con los suficientes recursos para hacer frente a sus compromisos. Las principales fórmulas que integran este grupo son las siguientes.

1. Pasivo a largo plazo a pasivos totales

Muestra la proporción de las deudas a largo plazo en el total de las deudas. Dicho de otra manera, indica cuántos centavos de cada peso que se debe no serán pagados durante el próximo año. Su fórmula es:

$$\text{P. a L.P. a P. total} = \frac{\text{Pasivo a largo plazo}}{\text{Pasivo total}} \times 100$$

Si sustituimos las variables por los datos de los estados financieros de la empresa Manufacturera Central y suponemos que el monto del pasivo a largo plazo está compuesto por el préstamo bancario y el hipotecario, obtendremos que:

$$\text{P. a L.P. a P. total} = \frac{5,782}{6,602} \times 100 = 87.58\%$$

La interpretación de esta razón indica que: de cada peso que debe la empresa, casi 87 centavos no los tendrá que pagar durante el próximo ejercicio.

Es sano que las deudas de la empresa estén integradas en su mayoría en el largo plazo, ya que esto le permite planear el futuro, pero siempre y cuando las condiciones (de interés) sean favorables.

2. Pasivo a corto plazo a pasivos totales

Muestra la proporción de las deudas a corto plazo en el total de las deudas. Dicho de otra manera, calcula cuántos centavos de cada peso que se debe serán pagados durante el próximo año. Su fórmula es:

$$\text{P. a C. P. a P. total} = \frac{\text{Pasivo a corto plazo}}{\text{Pasivo total}} \times 100$$

Si sustituimos las variables por los datos de los estados financieros de la empresa Manufacturera Central y suponemos que el monto del pasivo a corto plazo está compuesto por los salarios por pagar, los proveedores y los acreedores diversos, obtendremos que:

$$\text{P. a C. P. a P. total} = \frac{820}{6{,}602} \times 100 = 12.42\%$$

La interpretación de esta razón indica que: de cada peso que debe la empresa, tendrá que pagar poco más de 12 centavos de forma inmediata. Para esta empresa, esta composición de las deudas resulta muy favorable.

Evidentemente, la suma de las dos razones anteriores debe ser 100%, ya que mide la proporción de cada una respecto a la suma.

3. Pasivo total a capital contable

Mide la proporción entre las deudas y los recursos con los que cuenta la empresa. Su fórmula es:

$$\text{P. total a capital C.} = \frac{\text{Pasivo total}}{\text{Capital contable}} \times 100$$

Si sustituimos las variables por los datos de los estados financieros de la empresa Manufacturera Central, obtendremos que:

$$\text{P. total a capital C.} = \frac{6{,}602}{10{,}420} = 63.35\%$$

Del resultado de la proporción anterior podemos deducir que: de cada peso invertido por los socios, se deben 63 centavos. Se recomienda que esta relación sea menor a 50%, situación que puede variar en función de las condiciones macroeconómicas y del giro de la empresa.

En el ramo financiero, la proporción entre pasivos totales a capital puede ser superior al 600%, ya que los pasivos están compuestos principalmente por los depósitos de los cuentahabientes.

4. Pasivo total a activo total

Esta proporción muestra cuánto se debe por cada peso que tiene la empresa. Su fórmula es:

$$\text{P. total a activo total} = \frac{\text{Pasivo total}}{\text{Activo total}} \times 100$$

Si sustituimos las variables por los datos de los estados financieros de la empresa Manufacturera Central, obtendremos que:

$$\text{P. total a activo total} = \frac{6{,}602}{17{,}022.40} = 37.78\%$$

Del resultado de la proporción anterior podemos deducir que: de cada peso que vale la empresa, sólo se deben poco más de 38 centavos, situación muy sana para la empresa Manufacturera Central.

5. Prueba del ácido

Esta razón determina si la empresa tiene capacidad de pago de sus deudas. Se le llama así porque es muy difícil que las empresas la cumplan. Su fórmula es:

$$\text{Prueba del ácido} = \frac{\text{Activo circulante}}{\text{Pasivo total}} \times 100$$

Si sustituimos las variables por los datos de los estados financieros de la empresa Manufacturera Central, obtendremos que:

$$\text{Prueba del ácido} = \frac{4{,}318.40}{6{,}602} \times 100 = 65.41\%$$

Del resultado de la proporción anterior podemos deducir que: las deudas de la empresa son mayores a la suma de todos los recursos que tiene disponibles (activo circulante). Para que una empresa tenga la suficiente solvencia como para cumplir con esta prueba, debe tener un resultado mayor a 100%.

6. Razón del pago inmediato

Esta razón determina si la empresa tiene capacidad de pago de sus deudas de corto plazo de manera inmediata, es decir, por medio de su saldo de caja y bancos, pues éstas son las únicas cuentas de las cuales se puede disponer de efectivo rápidamente. Su fórmula es:

$$\text{Razón del pago inmediato} = \frac{\text{Caja más bancos}}{\text{Pasivo a corto plazo}} = \#\text{ de veces}$$

Si sustituimos las variables por los datos de los estados financieros de la empresa Manufacturera Central, obtendremos que:

$$\text{Razón del pago inmediato} = \frac{3{,}898.40}{820} = 4.75 \text{ veces}$$

Del resultado de la proporción anterior podemos deducir que: las deudas de la empresa de corto plazo son menores a la suma de todos los recursos líquidos que pueden convertirse a efectivo de manera inmediata. En este caso, 4.75 veces refleja que la empresa puede cubrir sin problemas todas sus deudas inmediatas. Para que una empresa tenga la solvencia suficiente como para cumplir con esta prueba, debe tener un resultado mayor a una vez. O, en caso contrario, tener cuidado de que los vencimientos sean escalonados.

Pruebas de rendimiento

Cuando se habla de que la empresa obtuvo cierta utilidad, siempre hay que aclarar de qué tipo de utilidad se trata: bruta, de operación, financiera o neta, así como estudiar las ventas de la empresa y, sobre todo, la inversión que hicieron sus socios para comprarla o formarla. Para ello existen una serie de razones financieras de rendimiento que miden la calidad de las utilidades, comparándolas siempre con otros rubros. A continuación se muestran las más importantes.

1. Utilidad a ventas

Mide la proporción que hay entre las ventas y las utilidades de la empresa. Dicho de otra manera, determina cuántos centavos de cada peso que se vende les quedan a los socios después de impuestos. Su fórmula es:

$$\text{Utilidad a ventas} = \frac{\text{Utilidad neta}}{\text{Ventas}} = \times 100$$

Si sustituimos las variables por los datos de los estados financieros de la empresa Manufacturera Central, obtendremos que:

$$\text{Utilidad a ventas} = \frac{20.40}{290} = 7.03\%$$

de lo que se deduce que: de cada peso vendido se obtuvo una ganancia (después de impuestos) de poco más de 7 centavos, que según el ramo de que se trate, puede ser lo adecuado. En la siguiente tabla se muestran los porcentajes de utilidad neta normales para cada tipo de empresa.

TIPO DE EMPRESA	PROPORCIÓN NORMAL*
1. Ramo industrial	5 a 10%
2. Ramo comercial	5 a 25%
Ramo de los servicios	
3. Sector restaurantero	15 a 25%
4. Sector financiero	5 a 10%
5. Sector hotelero	15 a 25%
6. Sector transportes	5 a 30%

* La proporción normal de utilidad neta respecto a ventas varía en función, principalmente, del tamaño de la empresa. A mayor tamaño menor proporción, y viceversa. Ello se debe a que para desplazar grandes volúmenes de mercancía, se requieren menores precios.

2. Utilidad a capital

Mide la proporción entre las ventas y la inversión de los socios. Dicho de otra manera, calcula cuántos centavos de cada peso que se invirtió les quedan a los socios después de impuestos. Su fórmula es:

$$\text{Utilidad a capital} = \frac{\text{Utilidad neta}}{\text{Capital}} = \times 100$$

Si sustituimos las variables por los datos de los estados financieros de la empresa Manufacturera Central, obtendremos que:

$$\text{Utilidad a capital} = \frac{20.40}{10,400} = 0.19\%$$

de lo cual se deduce que: de cada peso invertido por los socios, sólo les quedó menos de un quinto de centavo al mes. Para conocer la proporción adecuada para una empresa, es necesario comparar ésta con la inflación. En el caso de Manufacturera Central, esta comparación será:

RENDIMIENTO SOBRE CAPITAL	INFLACIÓN	RENDIMIENTO REAL
0.19%	0.375%	–0.185%

El 0.375% resulta de dividir la inflación estimada (según analistas) para México en el año 2003 entre los 12 meses del año, y luego esta cifra restarla de la utilidad a capital. Evidentemente, aunque la empresa obtuvo un rendimiento aparente de 0.19%, realmente (descontando la inflación) tuvo una pérdida de 0.185%, ya que los inversionistas requieren obtener por lo menos un rendimiento igual a la inflación para conservar el poder adquisitivo de su inversión.

Para que una empresa se pueda considerar aceptablemente rentable, debe obtener un rendimiento real de, por lo menos, el doble de la inflación.

3. Utilidad a activo

Mide la proporción entre las ventas y el valor de la empresa. Dicho de otra manera, determina cuántos centavos de cada peso que vale la empresa se ganaron después de impuestos. Su fórmula es:

$$\text{Utilidad a capital} = \frac{\text{Utilidad neta}}{\text{Activo total}} = \times 100$$

Si sustituimos las variables por los datos de los estados financieros de la empresa Manufacturera Central, obtendremos que:

$$\text{Utilidad a capital} = \frac{20.40}{17,022.40} = 0.12\%$$

de lo cual se deduce que: de cada peso invertido en la empresa, sólo le quedó 0.12 centavos cada mes. Para conocer la proporción adecuada para una empresa, debe compararse ésta con la tasa de interés. En el caso de Manufacturera Central, esta comparación será:

RENDIMIENTO SOBRE ACTIVO	TASA DE INTERÉS NOMINAL	RENDIMIENTO REAL
0.12%	0.2083%	–0.083%

El 0.2083% resulta de dividir la tasa de interés nominal promedio (en pagarés liquidables al vencimiento, para inversiones mayores a 1,000,000 de pesos) para México en el año 2003, entre los 12 meses del año, y luego esta cifra restarla de la utilidad a capital. Evidentemente, aunque la empresa obtuvo un rendimiento aparente de 0.12%, realmente (descontando la tasa de interés) tuvo una pérdida de 0.083%, ya que los inversionistas requieren obtener por lo menos un rendimiento igual a la tasa de interés, ya que de lo contrario será mejor depositar el dinero en el banco con mucho menor riesgo.

Para que una empresa sea rentable, debe obtener un rendimiento real de, por lo menos, 2.5 veces la tasa de interés vigente.

4. Utilidad de operación a utilidad bruta

Mide la proporción entre la utilidad bruta y la de operación, es decir, determina, de cada peso que la empresa ganó antes de gastos, cuánto le quedó después de éstos; por lo tanto, mide su impacto. Su fórmula es:

$$\text{U. de operación a U. bruta} = \frac{\text{Utilidad de operación}}{\text{Utilidad bruta}} = \times 100$$

Si sustituimos las variables por los datos de los estados financieros de la empresa Manufacturera Central, obtendremos que:

$$\text{U. de operación a U. bruta} = \frac{114}{170} = 67.06\%$$

de lo cual se deduce que: de cada peso que la empresa ganó antes de gastos, le quedaron 67 centavos, pues el resto (33 centavos) se destinó a rentas, sueldos, servicios, etcétera. La proporción adecuada para cada empresa se muestra en la siguiente tabla:

TIPO DE EMPRESA	PROPORCIÓN NORMAL*
1. Ramo industrial	60 a 80%
2. Ramo comercial	60 a 80%
Ramo de los servicios	
3. Sector restaurantero	40 a 60%
5. Sector hotelero	40 a 60%
6. Sector transportes	60 a 80%

* La proporción normal varía dentro del rango en función del tamaño de la empresa y de si los activos son propios o arrendados (debido al impacto de las rentas en el gasto).

5. Utilidad financiera a utilidad de operación

Mide la proporción entre la utilidad financiera y la de operación. Determina cuánto, de cada peso que la empresa ganó antes de intereses, le quedó después de éstos, es decir, mide su impacto. Su fórmula es:

$$\text{Utilidad financiera a operativa} = \frac{\text{Utilidad financiera}}{\text{Utilidad de operación}} = \times 100$$

Si sustituimos las variables por los datos de los estados financieros de la empresa Manufacturera Central, obtendremos que:

$$\text{Utilidad financiera a operativa} = \frac{34}{114} = 29.82\%$$

de lo cual se deduce que: de cada peso que la empresa ganó antes de intereses, le quedaron poco menos de 30 centavos; los 70 restantes se destinaron al pago de intereses. La proporción adecuada para las empresas debe ser mayor a 80%. Para Manufacturera Central se puede decir que los intereses se la "están comiendo".

6. Utilidad por acción

Calcula la utilidad que recibirá cada socio por cada acción que tenga en su poder. Su fórmula es:

$$\text{Utilidad por acción} = \frac{\text{Utilidad neta}}{\text{Número de acciones}} = \times\$ \text{ por acción}$$

Si sustituimos las variables por los datos de los estados financieros de la empresa Manufacturera Central y suponemos que su capital está integrado por 1000 acciones, obtendremos que:

$$\text{Utilidad por acción} = \frac{20.40}{1000} = \$0.0204 \text{ por acción}$$

de lo cual no es posible deducir prácticamente nada; para llegar a una conclusión útil, primero se debe conocer el precio por acción (mismo resultado que la razón utilidad a capital) y el rendimiento de la misma, pero de periodos anteriores, para determinar la tendencia de crecimiento o decrecimiento.

Muchas de las razones financieras vistas anteriormente se utilizan a nivel internacional para valuar empresas que solicitan algún crédito bancario, o las que cotizan en la bolsa. De la empresa Manufacturera Central, S.A. de C.V. podemos concluir que: "pasó" muy pocas de las pruebas, que se encuentra en problemas, y que será poco probable que con esos números pueda acceder a un crédito o pueda cotizar en la bolsa de valores exitosamente, además de que tendrá que ser reformada para poder volverla rentable y viable.

EL PUNTO DE EQUILIBRIO

El punto de equilibrio es un indicador que sirve para conocer el tamaño mínimo de una empresa antes de formarla, o para calcular cuánto más deberá vender para que no genere pérdidas (si ése es su caso). Se utiliza además como herramienta en la toma de decisiones, ya que cualquier proyecto nuevo tiene una fase de arranque y un incremento gradual de los beneficios, hasta que éstos empiezan a ser mayores que los egresos.

Es, asimismo, una prueba financiera que mide la rentabilidad de la empresa a diferentes niveles de ventas. Con este indicador la empresa puede ser evaluada contra otras empresas del mismo ramo y tamaño, o contra sí misma en diferentes periodos (análisis horizontal).

El punto de equilibrio es el nivel de ventas en el cual los ingresos (ventas) son exactamente iguales a los egresos (costos y gastos).

Los elementos que integran la fórmula (que se analizará más adelante) del punto de equilibrio para su cálculo en el nivel de ventas son:

- Ventas.
- Costo.
- Gastos.

Si, por ejemplo, una empresa tiene los siguientes datos:

Precio de venta = 25 pesos
Costo por pieza = 15 pesos
Gastos = 34,500 pesos mensuales

Para calcular su punto de equilibrio, se hace una tabla evaluando los resultados de la empresa, suponiendo que venda múltiplos de 1000 piezas al mes. Entonces la tabla quedará de la siguiente manera:

CASO	**1**	**2**	**3**	**4**	**5**	**6**
UNIDADES	0	1000	2000	3000	4000	5000
VENTAS	0	25,000	50,000	75,000	100,000	125,000
- COSTO	0	15,000	30,000	45,000	60,000	75,000
- GASTOS	34,500	34,500	34,500	34,500	34,500	34,500
= UTILIDAD	–34,500	–24,500	–14,500	–4,500	5,500	15,500

En el caso "1", tomando en cuenta que no se tienen unidades vendidas, tampoco habrá ventas ni costo, y dado que los gastos no se pueden evitar, se perderán 34,500 pesos.

En el caso "2", si hay 1000 productos vendidos, las ventas ascenderán a 25,000 pesos (que resultan de la multiplicación del precio por las unidades vendidas), el costo será de 15,000 (que resultan de la multiplicación del costo por pieza por las unidades vendidas) y, por último, la pérdida de 24,500 resulta de restar a las ventas el costo y los gastos.

En los demás casos, se sigue el procedimiento del caso 2.

Si se grafican las ventas, costos y gastos utilizando en el eje de las "X" las unidades vendidas y en el de las "Y" el dinero, tendremos:

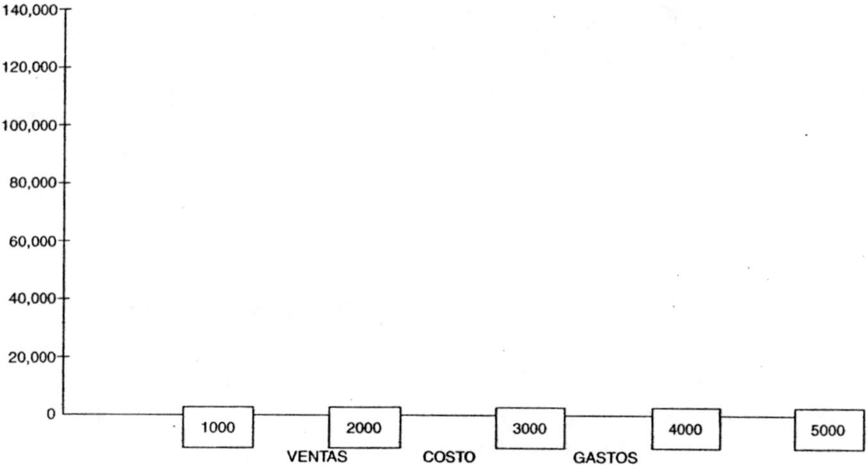

Como se puede observar:

- La gráfica de ventas inicia desde cero (ya que al no haber unidades vendidas, no hay ventas), además de que su nivel de inclinación depende del precio.
- La gráfica del costo parte también desde cero (ya que al no haber unidades vendidas, no se utiliza materia prima y, por lo tanto, no habrá costos), y su nivel de inclinación depende del costo por pieza.

De la diferencia de los niveles de inclinación entre ventas y costo (utilidad bruta), se obtendrán los recursos para absorber los gastos, y el faltante o sobrante representará la pérdida o utilidad, respectivamente.

- La gráfica de gastos es totalmente horizontal, ya que si hay pocas o muchas ventas, los egresos, tales como renta y sueldos, serán constantes. Tendrá que haber incrementos muy significativos en las ventas para que los gastos tengan una variación perceptible.

Si se grafican las utilidades tendremos el cuadro con que inicia la página siguiente.

Al no haber unidades vendidas, las pérdidas ascenderán a 35,000, y en la medida en que aquéllas crezcan 1000 piezas, las pérdidas disminuirán 10,000 pesos hasta llegar a un punto (entre 3000 y 4000 piezas) en que las pérdidas se transformarán en utilidades. A ese punto se le conoce como *punto de equilibrio.*

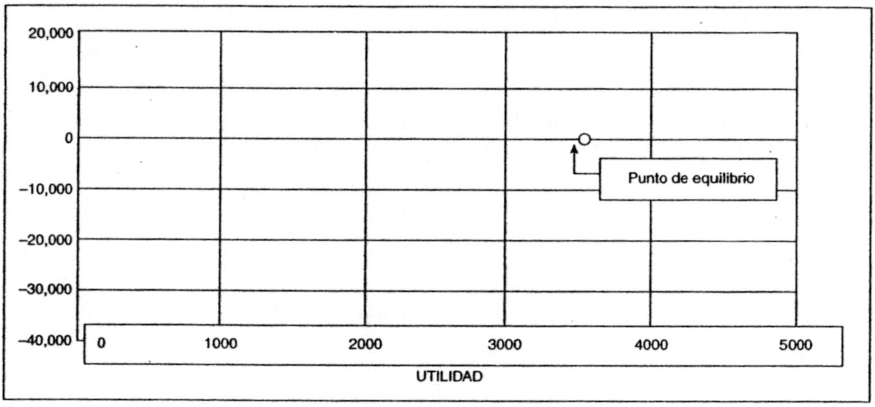

Ahora, si obtenemos la suma de los egresos (costo más gastos) en los diferentes niveles de unidades vendidas, tendremos:

CASO	**1**	**2**	**3**	**4**	**5**	**6**
CLIENTES	0	1000	2000	3000	4000	5000
COSTO	0	15,000	30,000	45,000	60,000	75,000
GASTOS	34,500	34,500	34,500	34,500	34,500	34,500
TOTAL EGRESOS	34,500	49,500	64,500	79,500	94,500	109,500

Y si se grafican ventas contra los egresos, tendremos:

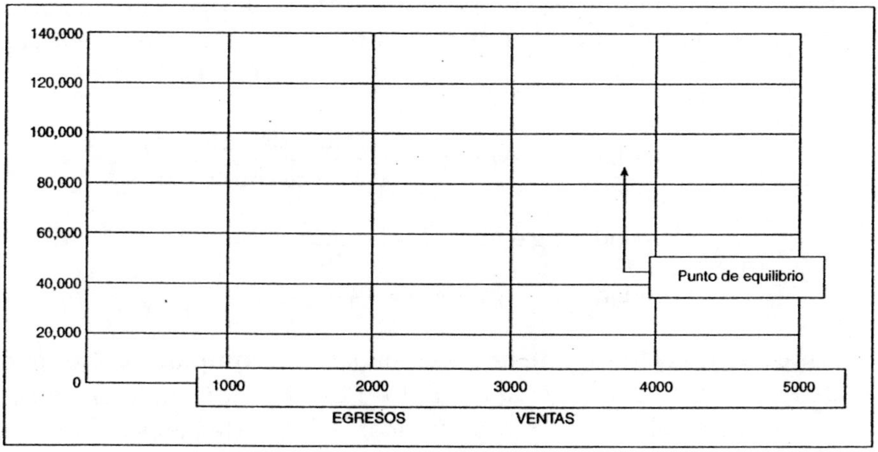

Donde las ventas son iguales a los egresos (costo más gastos) se ubica el punto de equilibrio; ese punto se encuentra entre 80,000 y 100,000 pesos. Para conocer con mayor exactitud ese nivel de ventas, se utiliza la siguiente fórmula:

$$PE = \frac{\text{Gastos}}{1 - \frac{\text{Costo}}{\text{Venta}}}$$

Si sustituimos los datos del ejemplo en la fórmula, tendremos:

$$PE = \frac{34{,}500}{1 - \frac{15}{25}}$$

$$PE = \frac{34{,}500}{1 - 0.60}$$

$$PE = \frac{34{,}500}{0.40}$$

$$PE = \underline{\underline{86{,}250 \text{ pesos}}}$$

Para comprobar si el resultado es correcto, utilizaremos el siguiente estado de resultados:

VENTAS	86,250
– COSTO	51,750
– GASTOS	34,500
= UTILIDAD	0

Para calcular el número de unidades que se deben vender, sólo habrá que dividir las ventas de equilibrio entre el precio de venta por pieza.

$$\text{Unidades de equilibrio} = \frac{\text{Punto de equilibrio}}{\text{Precio por pieza}}$$

$$\text{Unidades de equilibrio} = \frac{86{,}250}{25}$$

$$\text{Unidades de equilibrio} = 3{,}450 \text{ piezas}$$

Antes de invertir en este negocio, habrá que comparar las unidades de equilibrio contra la capacidad de producción de la empresa, y esta última deberá ser, por lo menos, el doble de las primeras.

EL PRESUPUESTO DE VENTAS

Quizá para los accionistas sea interesante conocer el punto de equilibrio, pero lo más importante para ellos es obtener las utilidades que permitan por lo menos recuperar su inversión en un plazo razonable. Para ello diseñamos la fórmula del presupuesto de ventas, a fin de calcular el nivel de ventas para obtener una ganancia específica:

$$PV = \frac{G + UND \times 1.785714}{1 - \frac{C}{V}}$$

donde:

PV = Presupuesto de ventas
G = Gastos generales
UND = Utilidad neta deseada
C = Costo
V = Ventas
1.785714 = Factor de impuestos, considerando la legislación vigente

Utilizando los datos del ejemplo anterior y suponiendo que los socios pretenden una utilidad mensual de 30,000 pesos, sustituimos los valores en la fórmula y obtenemos:

$$PV = \frac{34{,}500 + 30{,}000 \times 1.785714}{1 - \frac{15}{35}}$$

$$PV = \frac{34{,}500 + 53{,}571.42}{.40}$$

$$PV = \frac{88{,}071.42}{.40} = 220{,}178.55$$

Para comprobar que efectivamente con esas ventas se obtendrá una utilidad de $30,000 diarios, utilizaremos también un estado de resultados.

VENTAS	220,178.55
COSTO	132,107.13
UTILIDAD BRUTA	88,071.42
GASTOS	34,500.00
UTILIDAD ANTES DE IMPUESTOS	53,571.42
IMPUESTO SOBRE LA RENTA	18,214.28
REPARTO DE UTILIDADES	5,357.14
UTILIDAD NETA	30,000.00

El costo de $132,107.13 se obtiene multiplicando el presupuesto de ventas ($220,178.55) por el porcentaje de costo de este caso, que es 60% (15 entre 25).

El impuesto sobre la renta de $18,214.28 se obtiene multiplicando la utilidad antes de impuestos (53,571.42 pesos) por la tasa de impuesto sobre la renta actual (34%).

El reparto de utilidades se obtiene multiplicando también la utilidad antes de impuestos, pero por la tasa del reparto de utilidades de la empresa (10%).

Si utilizamos la misma gráfica del punto de equilibrio, pero le agregamos los impuestos, tendremos:

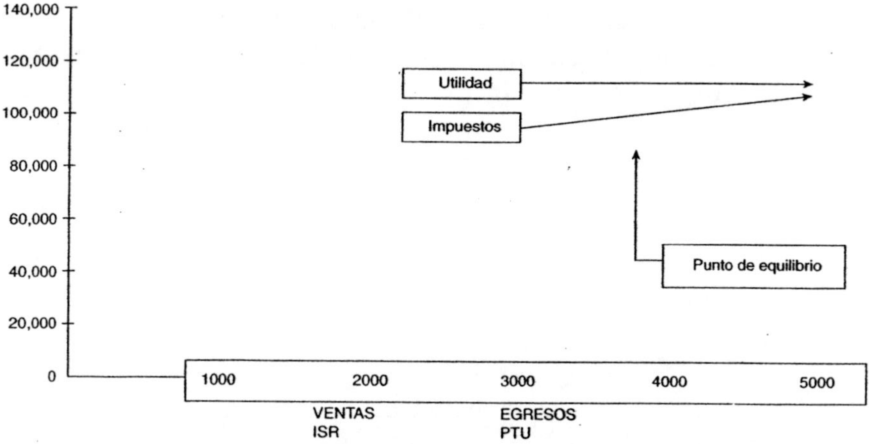

Como se observa en la gráfica, las funciones de impuestos aparecen sólo después del punto de equilibrio y quitan una proporción equivalente a 44% de las utilidades (34% de ISR y 10% de PTU).

Por disposiciones del Congreso, la tasa del impuesto sobre la renta variará en los próximos años a niveles similares a los de nuestros socios comerciales. Para obtener el nuevo factor de impuestos se tendrá que utilizar la siguiente fórmula:

$$\text{Factor de impuestos} = \frac{1}{1-(\text{ISR}+\text{PTU})}$$

El factor vigente se obtiene sustituyendo:

$$\text{Factor de impuestos} = \frac{1}{1-(0.34+0.10)}$$

$$\text{Factor de impuestos} = \frac{1}{1-0.44}$$

$$\text{Factor de impuestos} = \frac{1}{0.56} = 1.785714$$

INDICADORES PARA CADA TIPO DE EMPRESA

Los índices financieros tratados en los temas anteriores son de uso generalizado en las grandes empresas; sin embargo, valúan aspectos poco específicos y reflejan sólo problemas hasta cierto punto evidentes. El objetivo de este apartado es conocer una serie de indicadores que no aparecen en los textos y que se aplican en cada ramo empresarial.

En la industria

Entre los aspectos del sector industrial que más interesa medir están:

- La productividad de los obreros.
- El consumo y aprovechamiento de la materia prima.
- El grado de optimización de los gastos de producción.
- La participación del mercado.
- La utilidad por producto.
- La vida promedio del equipo de reparto.
- La vida promedio y productividad de la maquinaria.
- La seguridad.

Los indicadores propuestos se presentan en la tabla 1.

Tabla 1

INDICADOR	FÓRMULA	QUÉ INFORMACIÓN PROPORCIONA	SUGERENCIA
Rotación de personal.	$\frac{\text{Número de bajas en un año}}{\text{Total de trabajadores}} \times 100$	De cada 100 trabajadores, cuántos se fueron en ese año.	Máximo 10% anual.
Producción por máquina.	$\frac{\text{Unidades producidas por máquina “x”}}{\text{Horas de trabajo}}$	Cuántas piezas produce cada máquina por hora.	Consultar el manual.
Producción por trabajador.	$\frac{\text{Unidades producidas por trabajador “x”}}{\text{Horas de trabajo}}$	Cuántas piezas produce cada trabajador por hora.	Comparar el resultado contra otros obreros u otros tiempos.
Vida promedio de la maquinaria.	$\frac{\text{Suma de la antigüedad de la maquinaria}}{\text{Número de máquinas}}$	Antigüedad promedio de la maquinaria.	Menor a diez años (por razones fiscales y de productividad).
Vida promedio del equipo de reparto.	$\frac{\text{Suma de la antigüedad del equipo de reparto}}{\text{Número de unidades}}$	Antigüedad promedio del equipo de reparto.	Menos de 5 años (por razones fiscales y de productividad).
Consumo de materia prima.	Ver tema *El control del costo en el ramo industrial* del capítulo 6.		
Remuneración por departamento o turno.	$\frac{\text{Remuneraciones totales del departamento “x”}}{\text{Número de personas del depto. “x”}}$	Costo promedio del personal por departamento o turno.	Comparar ese costo en tiempo anterior, ajustando la inflación.
Utilidad por producto.	$\frac{\text{Costo del producto “x”}}{\text{Precio del producto “x”}} \times 100$	Utilidad porcentual por cada artículo.	Comparar este indicador contra la competencia y tiempos anteriores.
Participación del mercado.	$\frac{\text{Ventas de productos similares a nivel nacional}}{\text{Ventas de la empresa}}$	Porcentaje de mercado.	Comparar este indicador contra la competencia y tiempos anteriores.
Consumo de combustibles por máquina.	$\frac{\text{Combustibles consumidos por la máquina “x”}}{\text{Número de unidades producidas}}$	Consumo de combustibles por pieza fabricada.	Comparar este indicador contra tiempos anteriores.
Accidentes de trabajo.	$\frac{\text{Total de accidentes en el mes}}{\text{Número de trabajadores}}$	Promedio de accidentes por trabajador por mes.	Comparar este indicador contra la competencia y tiempos anteriores.

En el comercio

Entre los aspectos del sector comercial que más interesa medir están:

- La productividad de los vendedores.
- La participación de mercado.
- La utilidad por producto.
- La vida promedio del equipo de reparto.
- Las ventas por metro cuadrado.
- Los gastos por metro cuadrado.
- El consumo por cliente.

Los indicadores propuestos aparecen en la tabla 2.

En los servicios

Entre los aspectos del sector servicios que más interesa medir a las empresas están:

- La productividad de los vendedores o asesores.
- La participación de mercado.
- La rotación del personal.
- El porcentaje de ocupación (en hoteles y restaurantes).
- El porcentaje de utilización de los servicios que se ofrecen (sector financiero).
- La utilidad por producto.
- Las ventas por metro cuadrado.
- Los gastos por metro cuadrado.
- El consumo por cliente.
- El tiempo de espera de los clientes.

Los indicadores propuestos aparecen en la tabla 3.

Por último, sólo resta subrayar que es conveniente calcular periódicamente los indicadores que aparecen en las tablas 1 a 3, así como graficarlos para conocer su tendencia futura, a fin de tener elementos para tomar las decisiones que permitan corregir las fallas antes de que amenacen seriamente la estabilidad de la empresa.

Tabla 2

INDICADOR	FÓRMULA	QUÉ INFORMACIÓN PROPORCIONA	SUGERENCIA
Rotación de personal.	$\frac{\text{Número de bajas en un año}}{\text{Total de trabajadores}} \times 100$	De cada 100 trabajadores, cuántos se fueron en ese año.	Máximo 10% anual.
Productividad por vendedor.	$\frac{\text{Ventas por agente "x"}}{\text{Ventas de todos los vendedores}}$	Productividad de cada vendedor.	Comparar contra otros tiempos.
Vida promedio del equipo de reparto.	$\frac{\text{Suma de la antigüedad del equipo de reparto}}{\text{Número de unidades}}$	Antigüedad promedio del equipo de reparto.	Menos de 5 años (por razones fiscales y de productividad).
Consumo de artículos.	Ver el tema *El control del costo en el ramo comercial* del capítulo 6.		
Remuneración por departamento o turno.	$\frac{\text{Remuneraciones totales del departamento "x"}}{\text{Número de personas del depto. "x"}}$	Costo promedio del personal por departamento o turno.	Comparar ese costo en tiempo anterior, ajustando la inflación.
Utilidad por producto.	$\frac{\text{Costo del producto "x"}}{\text{Precio del producto "x"}} \times 100$	Utilidad porcentual por cada artículo.	Comparar este indicador contra la competencia y tiempos anteriores.
Participación del mercado.	$\frac{\text{Ventas de competidores a nivel nacional}}{\text{Ventas de la empresa}}$	Porcentaje de mercado.	Comparar este indicador contra la competencia y tiempos anteriores.
Ventas por metro cuadrado.	$\frac{\text{Ventas totales}}{\text{Metros cuadrados de la tienda}}$	Venta promedio por metro cuadrado.	Comparar este indicador contra la competencia y tiempos anteriores.
Gastos por metro cuadrado.	$\frac{\text{Gastos totales}}{\text{Metros cuadrados de la tienda}}$	Gasto promedio por metro cuadrado.	Comparar este indicador contra la competencia y tiempos anteriores.
Consumo por cliente.	$\frac{\text{Ventas totales}}{\text{Número de clientes}}$	Gasto promedio por cliente.	Comparar este indicador contra la competencia y tiempos anteriores.

Tabla 3

INDICADOR	FÓRMULA	QUÉ INFORMACIÓN PROPORCIONA	SUGERENCIA
Rotación de personal.	$\frac{\text{Número de bajas en un año}}{\text{Total de trabajadores}} \times 100$	De cada 100 trabajadores, cuántos se fueron en ese año.	Máximo 10% anual.
Productividad por vendedor o asesor.	$\frac{\text{Ventas por agente “x”}}{\text{Ventas de todos los vendedores}}$	Productividad de cada vendedor.	Comparar contra otros tiempos.
Consumo de materias primas (en hoteles y restaurantes).	Ver el tema *El control del costo en el ramo comercial* del capítulo 6.		
Remuneración por departamento o turno.	$\frac{\text{Remuneraciones totales del departamento “x”}}{\text{Número de personas del depto. “x”}}$	Costo promedio del personal por departamento o turno.	Comparar ese costo en tiempo anterior, ajustando la inflación.
Utilidad por producto, servicio o viaje.	$\frac{\text{Costo del producto “x”}}{\text{Precio del producto “x”}} \times 100$	Utilidad porcentual por cada artículo.	Comparar este indicador contra la competencia y tiempos anteriores.
Participación del mercado.	$\frac{\text{Ventas de competidores a nivel nacional}}{\text{Ventas de la empresa}}$	Porcentaje de mercado.	Comparar este indicador contra la competencia y tiempos anteriores.
Gastos por metro cuadrado.	$\frac{\text{Gastos totales}}{\text{Metros cuadrados de la tienda}}$	Gasto promedio por metro cuadrado.	Comparar este indicador contra la competencia y tiempos anteriores.

(*Continúa*)

Tabla 3 *(continuación)*

INDICADOR	FÓRMULA	QUÉ INFORMACIÓN PROPORCIONA	SUGERENCIA
Consumo por cliente.	$\frac{\text{Ventas totales}}{\text{Número de clientes}}$	Gasto promedio por cliente.	Comparar este indicador contra la competencia y tiempos anteriores.
Porcentaje de opación (en hoteles).	$\frac{\text{Número de cuartos ocupados en el mes}}{\text{Número de cuartos} \times 30}$	De cada 100 cuartos existentes, cuántos están ocupados.	Mayor al 60%.
Número de vueltas en las mesas (en restaurantes).	$\frac{\text{Número de mesas ocupados al mes}}{\text{Número de mesas} \times 30}$	Cuántas veces se ocupa una mesa en promedio al día.	Mayor a uno (para establecimientos formales que no cuentan con desayunos).
Clientes por sucursal.*	Número de clientes atendidos al mes.		Comparar este indicador contra la competencia y tiempos anteriores.
Costo por kilómetro recorrido (en el transporte).*	$\frac{\text{Gastos de gasolina, lubricantes, mantenimiento, etc.}}{\text{Kilómetros recorridos por unidad}}$	Costo por kilómetro por cada unidad.	Consultar manual de operación y condiciones del trayecto.
Ausentismo del personal.*	$\frac{\text{Número de faltas acumuladas al mes de todos los trabajadores}}{\text{Número de trabajadores}}$	Número de faltas promedio del personal.	No más de una al mes.

* También se aplican en los sectores comercial e industrial.

Capítulo 8

La toma de decisiones

Una vez que se cuenta con las herramientas contables y financieras referidas en los siete capítulos anteriores, se puede avanzar hacia la toma de decisiones. Para ello, en este capítulo se analiza una técnica conocida como valuación financiera, que consiste en predecir el resultado en las utilidades de cada alternativa de decisión, para elegir así la más rentable para la empresa, considerando la mayor cantidad de variables que inciden en cada caso.

PRUEBA Y ERROR

Es el procedimiento más utilizado en la toma de decisiones en las empresas en nuestro país. Se basa exclusivamente en la intuición y la experiencia. Se le llama así porque durante la historia de las empresas, o en la vida de sus directores, se tomaron una gran cantidad de decisiones, muchas de las cuales tuvieron éxito, pero otras no, es decir, tuvieron que experimentar con la empresa (quizá poniendo en riesgo su vida) para: "ver qué pasa después"; si la utilidad crecía se podía concluir que la decisión fue buena; en caso contrario, no.

Evidentemente, se trata de un procedimiento para repetir los aciertos y suprimir los errores anteriores, técnica que funcionó hasta fines de la década de 1980, cuando había poca competencia nacional, el mercado interno era muy estable y robusto, los márgenes de operación eran amplios y la situación financiera de las empresas permitía cometer errores con cierta frecuencia.

Actualmente, ante la globalización, la especialización, la creciente competencia, la reducción de los márgenes de operación, las excesivas regulaciones gubernamentales y la contracción del mercado interno, las empresas y sus directores deben ser más profesionales en la toma de decisiones, ya que cualquier error puede poner en peligro el futuro. Por ello se describe primero la relación sistémica de las variables que conforman una empresa, para que así, antes de tomar una decisión, se puedan predecir todas las partes que serán afectadas y, sobre todo, se adivine, con cierto grado de precisión, el resultado final sin necesidad de arriesgar al negocio.

RELACIÓN SISTÉMICA DE LAS VARIABLES DE UNA EMPRESA

Cuando se habla de sistemas, invariablemente se piensa en las computadoras. Éstas aparecieron a finales de la década de 1930 y comenzaron a utilizarse con fines bélicos durante la Segunda Guerra Mundial, hasta llegar a los sofisticados y diminutos aparatos con gran capacidad de procesamiento que conocemos como computadoras personales; sin embargo, el concepto de sistemas es infinitamente más antiguo y complejo. Tiene, por ejemplo, una relación directa con la creación del universo; primero se empezaron a formar las estrellas, y más tarde el más estudiado de los sistemas: "el sistema solar". Y es evidente que cualquier variación de alguno de sus elementos podría tener consecuencias desastrosas para nuestro planeta; por ejemplo, si el movimiento de traslación de la luna variara marginalmente o la temperatura del sol subiera unos cuantos grados, habría inundaciones, grandes tormentas, terremotos, crecimiento de los desiertos e incluso el fin de la vida en la Tierra.

Por lo tanto, el término sistemas se define como: "el estudio del conjunto de relaciones que existen entre las diferentes variables que conforman un todo". Y desde el punto de vista de la administración, la empresa puede ser estudiada también como un sistema, del cual si se mueve alguna de sus piezas, habrá cambios en casi todas las demás; por ejemplo, si se incrementan los precios pensando que se ganará más, probablemente los clientes disminuirán el volumen de compra, lo que, en forma combinada con otros aspectos, quizá tenga efectos negativos en las utilidades de la empresa.

Así, el objetivo de este capítulo es analizar a la empresa de forma integral, como un sistema, reconociendo sus variables más comunes, sus relaciones y los efectos en la utilidad final al cambiar cualquier elemento. A continuación se describen los tipos de variables de acuerdo con el grupo al que pertenecen.

Variable objetivo

Las empresas se crean para alcanzar objetivos: las públicas persiguen el beneficio común, las utilidades en este caso resultan poco relevantes y, en primera instancia, pretenden sólo no ser deficitarias; las privadas, en cambio, desean generar rendimientos. Debido a la naturaleza de este texto, nos centraremos en describir a las privadas, es decir, la variable objetivo estará compuesta por las utilidades que la empresa pueda generar.

En forma gráfica, la variable objetivo se representa como un pequeño óvalo al centro del sistema de la empresa. A partir de él se empezarán a describir todas las variables que la afectan directamente.

Variables de resultados

Son todas las variables que afectan directamente al objetivo (la utilidad); entre ellas se pueden identificar a las que conforman el estado de resultados: ventas, costo, gastos, gastos financieros, productos financieros e impuestos. Su representación gráfica es la siguiente:

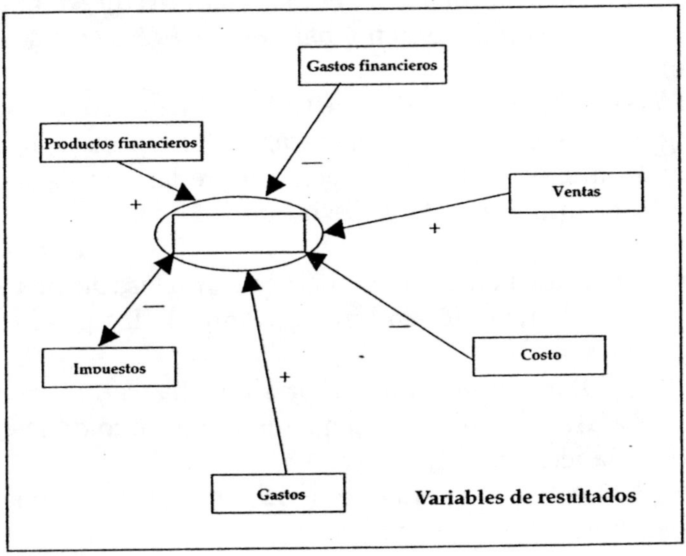

Variables de resultados

Como se aprecia, todas las variables de resultados se encuentran en un recuadro llamado de esa manera, y todos los ingresos (ventas y productos financieros) inciden positivamente en las utilidades, pero los egresos (costo, gastos, gastos financieros e impuestos) lo hacen en forma negativa. Hasta aquí se puede deducir que:

- A mayores ventas, mayores utilidades.
- A mayores productos financieros, mayores utilidades.
- A mayores costos, menores utilidades.
- A mayores gastos, menores utilidades.
- A mayores gastos financieros, menores utilidades.
- A mayores impuestos, menores utilidades.

Es importante destacar que la afectación entre impuestos y utilidades es en ambos sentidos, es decir, no sólo a mayores impuestos habrá menores utilidades, sino que a mayores utilidades habrá mayores impuestos, ya que los impuestos son una proporción de la utilidad financiera (34% para el impuesto sobre la renta y 10% para el reparto de utilidades).

Variables endógenas

Son todas las variables que afectan directa o indirectamente a las variables de resultados; se encuentran dentro de la empresa y son fácilmente controlables. Por lo regular los directores y gerentes las modifican cotidianamente para operar y hacer más eficiente al negocio.

La representación gráfica de las variables endógenas aparece en la página siguiente. Como se aprecia, sólo se muestran algunas de las variables que inciden directamente sobre las variables de resultados. Hasta aquí se puede deducir que:

- Del saldo bancario, combinado con la tasa de interés que ofrece el banco, dependerá el monto de los productos financieros.
- Del saldo de la deuda del préstamo bancario, combinado con la tasa que se cobra, dependerá el monto de los productos financieros.
- Del precio, combinado con las unidades que se vendan, dependerán las ventas.

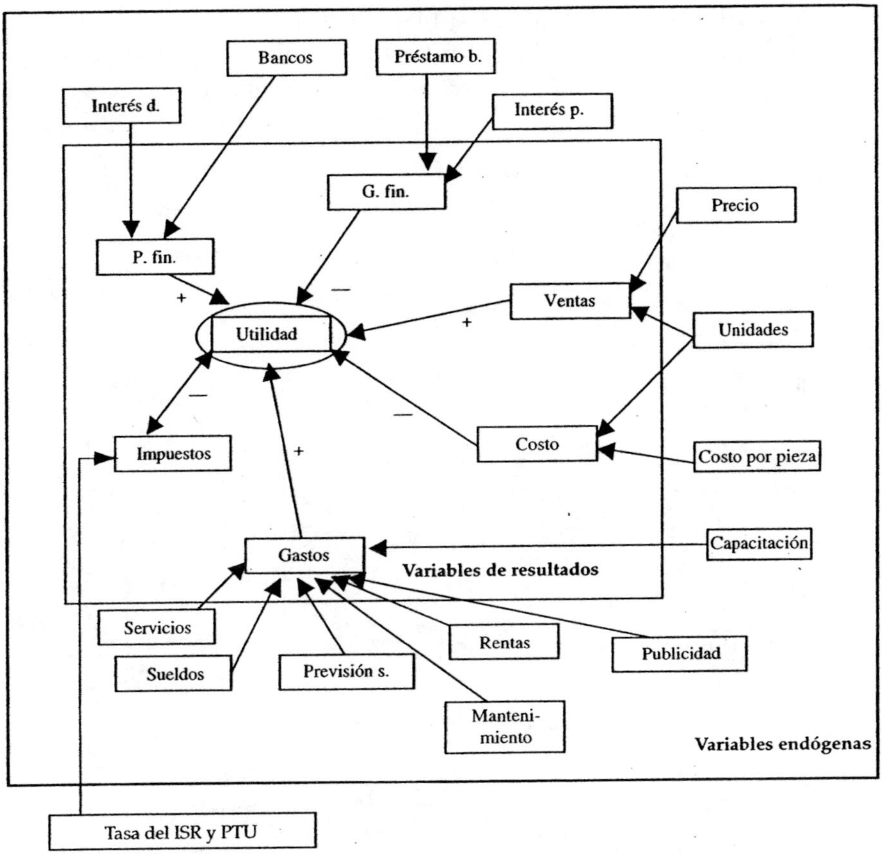

- También de las unidades que se vendan, pero combinadas con el precio de costo de cada unidad, dependerá el costo total de la empresa.
- A mayores gastos en pago de servicios, sueldos, previsión social, gastos de capacitación, rentas (arrendamientos), gastos de mantenimiento y publicidad, mayores gastos de la empresa.
- A mayores tasas impuestas por el gobierno, combinadas con las utilidades, mayor pago de impuestos (nótese que las tasas impositivas se encuentran fuera de las variables endógenas, ya que no pueden ser alteradas por los empresarios y son de carácter general).

Además de los conceptos mencionados y graficados, también deben considerarse los conceptos que afectan los gastos, como arrendamientos, depreciaciones, amortizaciones, cuotas y suscripciones, suministros, papelería, gratificaciones, honorarios, etcétera.

La representación gráfica de las variables endógenas que afectan indirectamente a las variables de resultados es la siguiente:

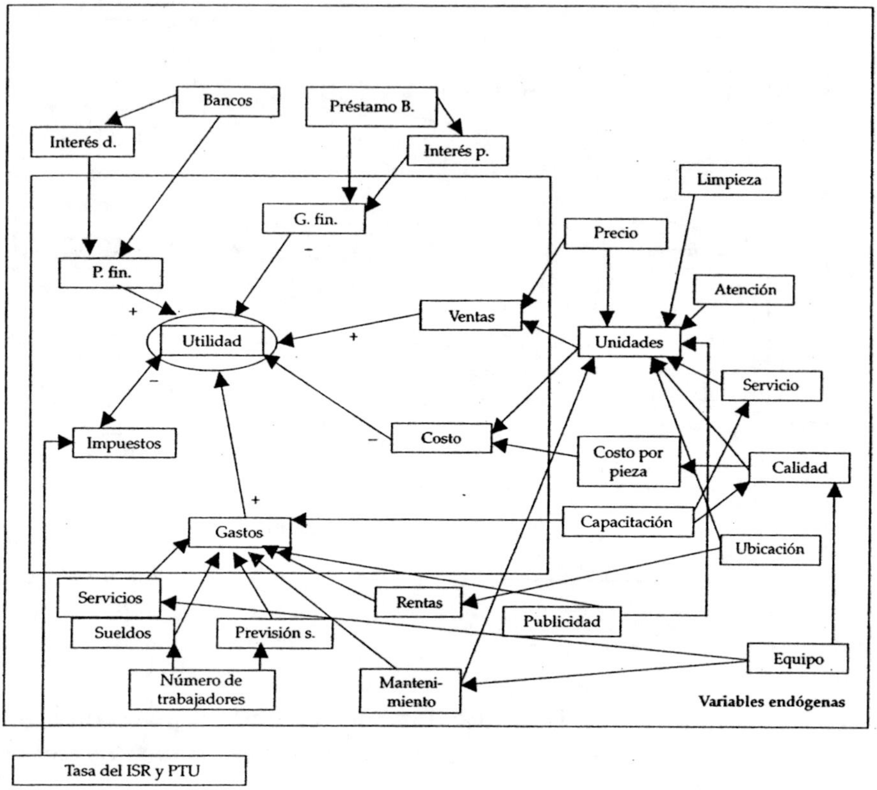

Nota: evidentemente, y para no complicar la explicación, el sistema presentado está incompleto, ya que hay una infinidad de variables que componen la empresa y no se muestran, como: salario por trabajador, cuentas por pagar, impuesto sobre remuneraciones, crédito hipotecario, etcétera.

De las relaciones anteriores podemos deducir que:

- Del saldo bancario dependerá la tasa de interés contratada.
- Del saldo (además de garantías y condiciones macroeconómicas) dependerá la tasa que cobrará el banco por el préstamo.

- A mejor limpieza, atención, servicio, calidad y ubicación, mayores ventas.
- A mayor número de trabajadores, mayores gastos de: sueldos, previsión social y capacitación (no mostrada gráficamente).
- A mejor ubicación, mayores rentas o más inversión en bienes inmuebles.
- Con más y mejor equipo se venderán más unidades, aunque también es probable que haya mayores gastos de mantenimiento y pago de servicios, además de la depreciación (no mostrada gráficamente).
- A mayor y mejor capacitación, mejor el servicio y la calidad, además de la atención (no mostrada gráficamente).
- A mayor calidad, mayor será el costo del producto, pero también se podrán vender más unidades.
- Al modificar el precio de venta, es probable que las unidades vendidas también varíen. Si el precio se incrementa, las unidades bajarán, y viceversa.

Variables exógenas particulares

Son todas las variables externas que afectan directamente a la empresa y sobre las cuales ésta no tiene control; en el mejor de los casos sólo puede influir en algunas decisiones. Existen tres grandes grupo de este tipo de variables: los proveedores, la competencia y los clientes. La relación sistémica entre ellos es la siguiente:

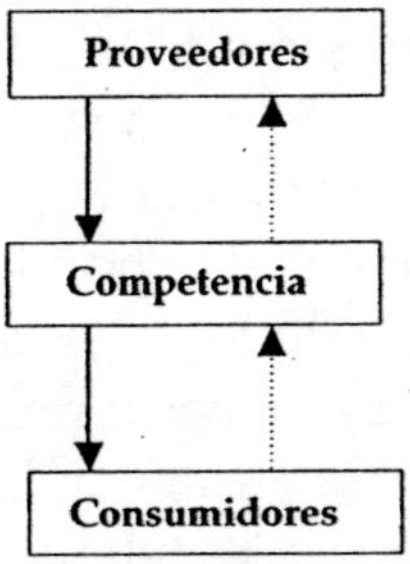

De estas relaciones podemos deducir que:

- Los proveedores afectan a la competencia, ya que algunos de nuestros proveedores también lo son de nuestra competencia, y algunos competidores son clientes de competidores de nuestros proveedores.

- La competencia afecta indirectamente a nuestros proveedores, ya que en función de su demanda, condiciones de pago y requerimientos específicos, las decisiones de nuestros proveedores podrán variar.
- La competencia afecta a nuestros clientes, ya que en función de su precio, calidad, servicio, atención, ubicación, condiciones de pago, etcétera, estos últimos podrán variar sus hábitos de consumo, y finalmente comprarles a nuestros competidores, o dejar de comprar.
- Nuestros clientes afectan indirectamente a nuestros competidores, ya que en función de su demanda, condiciones de pago y requerimientos específicos, las decisiones de nuestros competidores también podrían variar.

Las flechas de competencia a proveedores y de consumidores a competencia son punteadas, ya que no afectan directamente, sólo influyen en sus decisiones.

Aparentemente este grupo de variables es mucho más simple que las exógenas particulares, pero si consideramos que cada empresa tiene un sistema muy similar al de nuestra empresa, realmente estamos hablando de que este grupo es infinitamente más complejo que el anterior.

Antes de establecer una confrontación contra nuestros competidores para restarles mercado, primero habrá que analizar su sistema interno, ya que, el que agrede suele sufrir mayor desgaste que el agredido, y tendrá que haber una superioridad estratégica y sistemática evidente que asegure el éxito.

Muchas empresas, en su afán por destruir a la competencia, suelen caer en precipitaciones que ocasionan su propio cierre.

Por ello no está de más recordar estas destacadas frases anónimas: "Siempre será mejor pensar con la cabeza, que con el hígado"; y "El que no compite, es incompetente".

En la página siguiente se presentan las relaciones más importantes de las variables exógenas particulares con la empresa.

Para mayor claridad, las nuevas relaciones se destacan con líneas dobles y flechas más grandes.

De este conjunto de relaciones podemos deducir que:

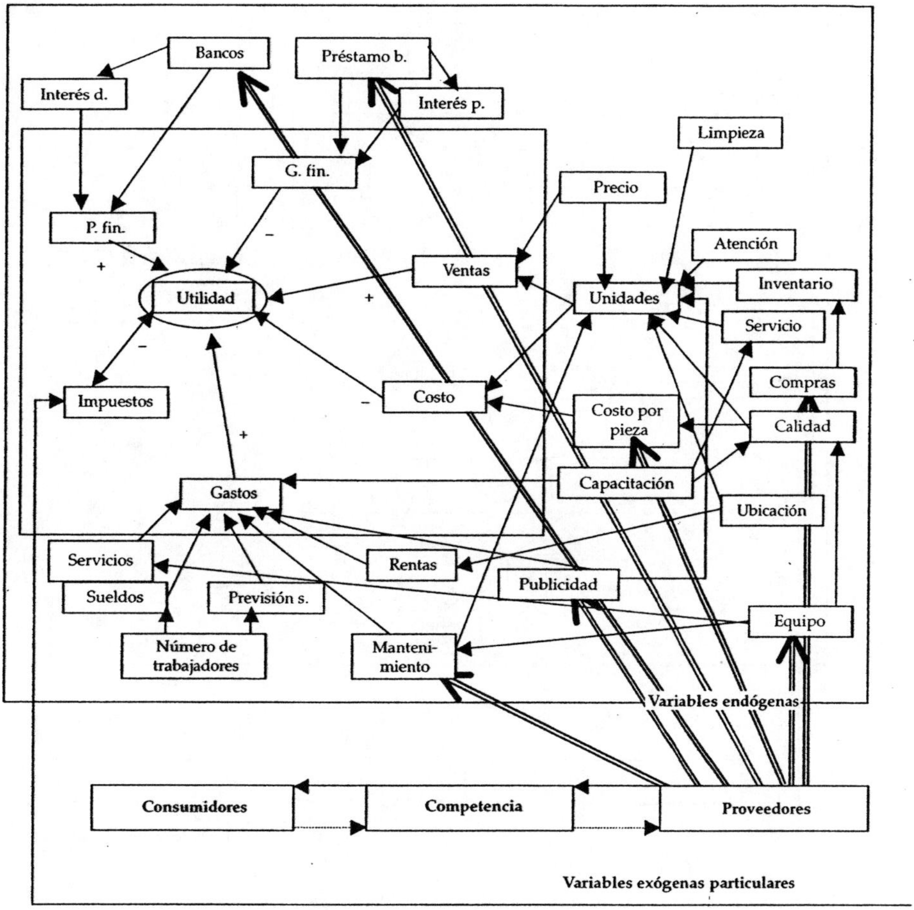

- Los proveedores afectan nuestras compras, las que a su vez se acomodan en el inventario, y es de ahí de donde se toma la mercancía (unidades) que será utilizada en las ventas. Evidentemente, si los proveedores no surten, será imposible vender.
- Los proveedores influyen decisivamente en nuestro precio de compra.
- Los proveedores no sólo venden materia prima o artículos para ser comercializados, otros ofrecen también productos o servicios: bancarios (cuenta de cheques o préstamo), publicidad, mantenimiento, equipo e, incluso, capacitación, limpieza y personal (estas últimas no se muestran gráficamente).

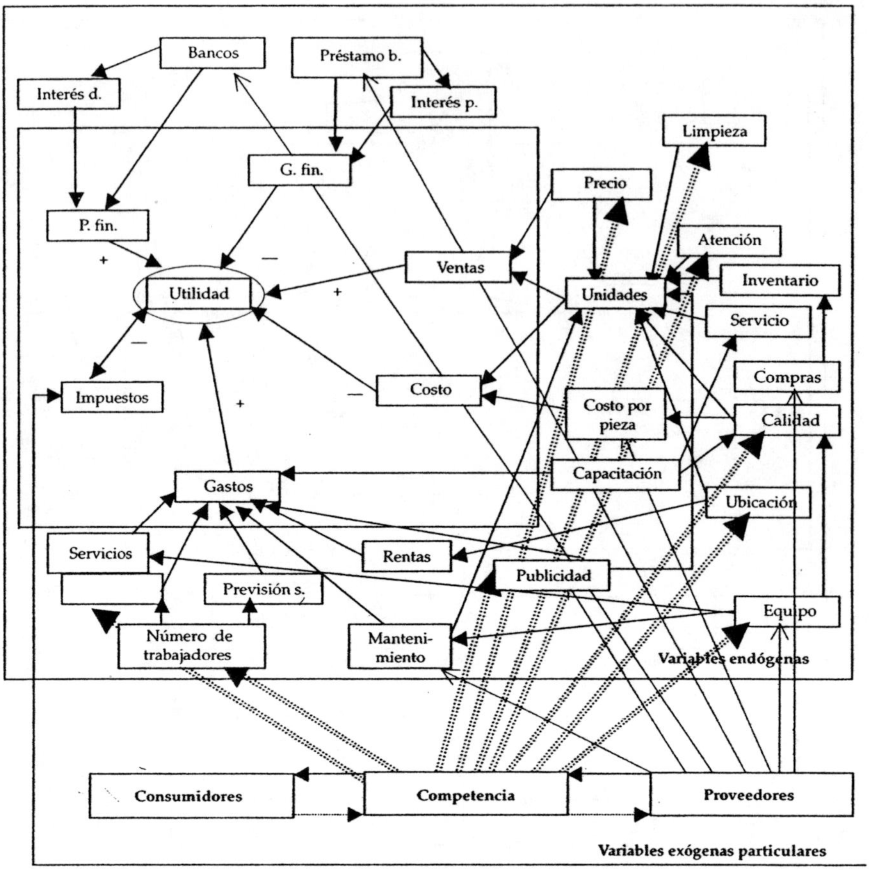

También para una mayor claridad, las nuevas relaciones se resaltan con líneas dobles y flechas más grandes.

De esas nuevas relaciones podemos deducir que:

- Se trata de líneas punteadas, ya que la competencia sólo nos afecta directamente por medio de los consumidores, y todas las demás relaciones son indirectas, es decir, influyen en nuestra toma de decisiones.
- La competencia puede influir en que modifiquemos nuestro precio, que es la variable más utilizada para competir por el mercado.
- No sólo se compite en los precios, también hay otros "frentes de batalla", como la limpieza, la atención, el servicio, la

calidad, la ubicación, la publicidad, el número de trabajadores y los sueldos.

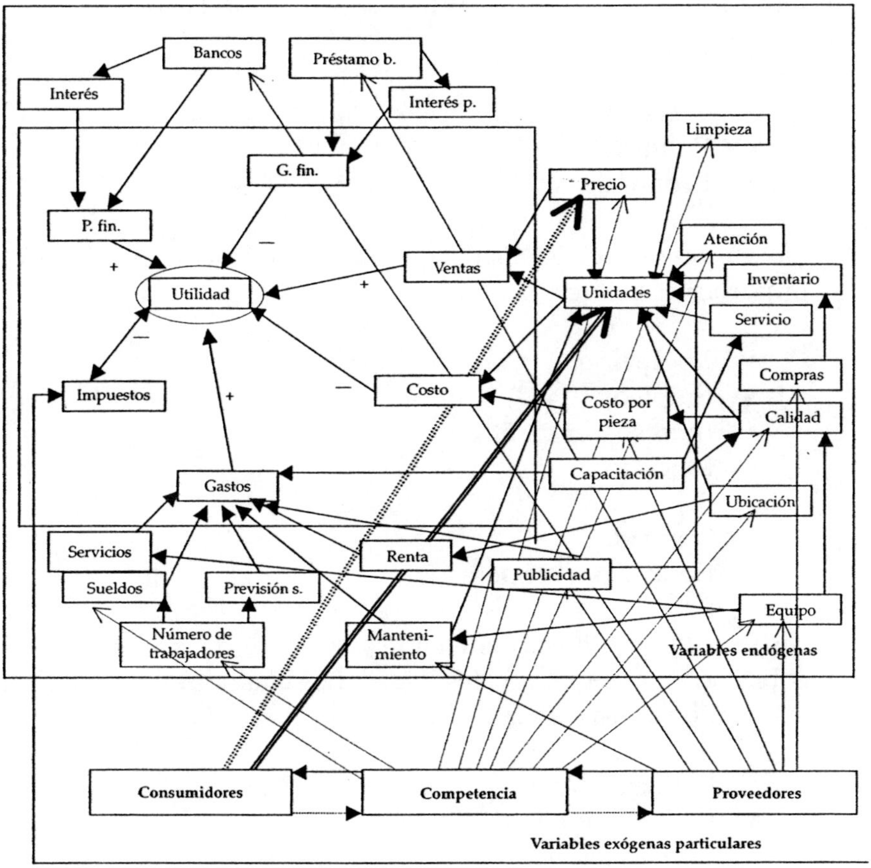

Las dos nuevas relaciones se destacan también con líneas dobles y flechas más grandes.

- Los consumidores afectan directamente las unidades que se venden, ya que ellos deciden a quién comprar y cuánto.
- También pueden influir, pero indirectamente, en nuestro precio, ya que esa decisión es sólo de nuestra empresa.
- Asimismo, pueden influir indirectamente en variables como nuestra ubicación, publicidad, calidad, servicio, limpieza, atención, etcétera (no mostradas gráficamente), cuando sugieren o exigen algún cambio.

Variables exógenas generales

Es un grupo de variables que, como su nombre lo indica, son externas y afectan a todas las empresas del país. Se clasifican en tres grandes grupos:

- Sociales.
- Políticas.
- Económicas.

Las variables sociales tienen que ver con la población; entre las más importantes están:

- Migración.
- Empleo.
- Ingreso per cápita.
- Moda.
- Salud.
- Seguridad.
- Educación, etcétera.

Las variables políticas tienen que ver con las decisiones que toma el gobierno en sus tres niveles: federal, estatal y municipal. Entre las más importantes están:

- Política fiscal.
- Política monetaria.
- Constitución.
- Leyes.
- Reglamentos.
- Normas oficiales, etcétera.

Por último, las variables económicas son una serie de situaciones descritas en indicadores que muestran el comportamiento monetario, de transacciones, de producción, de ahorro, etcétera. Las variables más importantes de este grupo son:

- Inflación.
- Paridad cambiaria.
- Producto interno bruto.

- Exportaciones.
- Importaciones.
- Tasa de interés.
- Masa monetaria, etcétera.

Su relación sistémica es la siguiente:

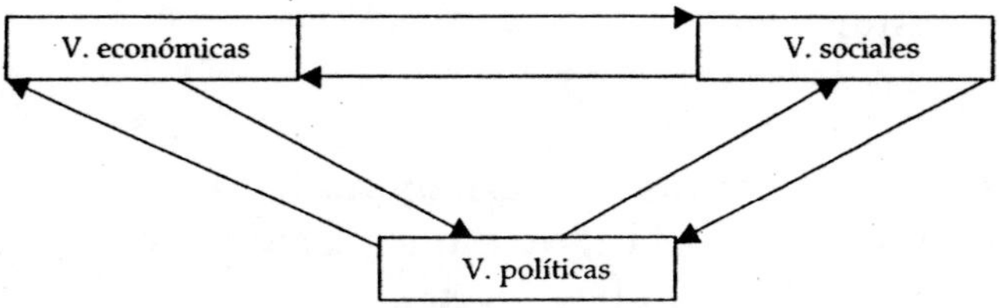

Como se observa, las relaciones se dan en todos sentidos; por lo tanto, algún cambio en cualquiera de las tres, afectará directamente a las otras dos.

Estos tres grupos de variables afectarán también a nuestros proveedores, competencia y consumidores, y por supuesto a nuestra empresa.

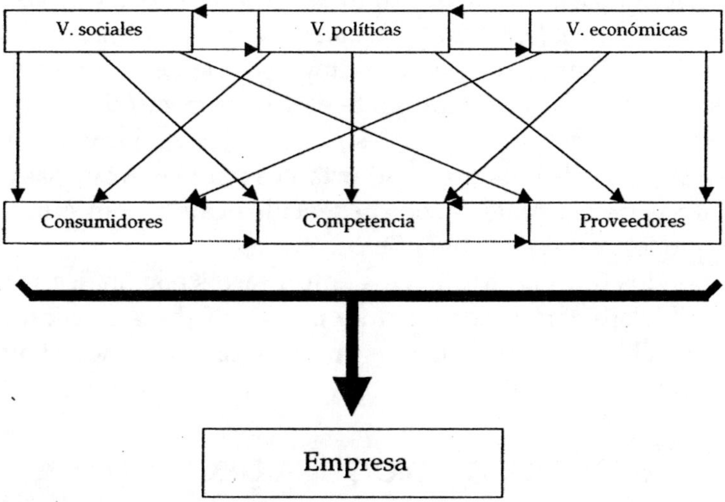

Variables internacionales

A raíz de la globalización, es cada vez más importante reconocer el efecto de las variables internacionales en las empresas, ya que habrá cambios que, si no son bien asimilados y se toman las medidas pertinentes, pondrán en riesgo la supervivencia del negocio. Las variables más importantes de este grupo son:

- Migración.
- Religión.
- Conflictos bélicos.
- Tratados comerciales.
- Aranceles.
- Crisis económicas.
- Crisis alimenticias.
- Disposiciones internacionales en materia comercial, ecológica, bélica, de límites territoriales, de explotación de recursos naturales, etcétera.

Es prácticamente imposible que algún cambio internacional no afecte a nuestro país, a nuestros proveedores, a la competencia, a los consumidores y, en especial, a nuestra empresa.

Recuérdese que los cambios internacionales tendrán efectos inmediatos en nuestra empresa, y éstos empezarán a sentirse en algunos días, meses o quizá años. Por lo tanto, la empresa tendrá tiempo suficiente para modificar algunas variables para que *las debilidades se conviertan en fortalezas y las amenazas en oportunidades.*

Como ejemplo se pueden citar los recientes conflictos bélicos en los países árabes (exactamente al otro extremo del planeta) que, a pesar de ser notablemente desbalanceados y relativamente rápidos, han tenido repercusiones importantes para las empresas en México, muchas de las cuales hicieron sencillos cambios internos a tiempo, lo que les representó beneficios.

En los últimos 20 años los empresarios nacionales se han quejado de la situación macroeconómica, pero ahora es cuando algunos de ellos han amasado las más grandes fortunas que se hayan creado en México.

EL EFECTO POSITIVO DE UNA DECISIÓN

En los temas anteriores se describió una serie de relaciones entre las variables que conforman una empresa y su ambiente, y se concluyó que cualquier cambio en alguna variable afectará tarde o temprano las utilidades de la empresa (variable objetivo). En este apartado y el siguiente se hablará de las "rutas" de los efectos de las decisiones, efectos que pueden ser positivos o negativos. En este punto se tratan exclusivamente los positivos.

Los efectos positivos de las decisiones pueden reflejarse en:

- Aumento en las ventas.
- Aumento en los productos financieros.
- Disminución en los gastos.
- Disminución en los costos.
- Disminución en los gastos financieros.
- Disminución en los impuestos.

A todos se les considera positivos, pues evidentemente el incremento de ingresos o el decremento de egresos incrementan las utilidades.

EL EFECTO NEGATIVO DE UNA DECISIÓN

Siempre que se toma una decisión en alguna empresa es con el objetivo de mejorar, pero: *cualquier cambio para mejorar tendrá también efectos negativos*.

Siempre es conveniente, antes de tomar cualquier decisión, valuarla financieramente, incluyendo sus implicaciones a corto, mediano y largo plazo.

Muchos empresarios suelen precipitarse y aceptar afirmaciones como:

1. A mayores precios, más ventas.
2. A más mercancías vendidas, mayores utilidades.
3. A más publicidad, mayores ventas o utilidades.
4. A menores gastos, mayores utilidades.
5. A mayor inventario, mayores ventas.
6. A mayores compras, menores costos.
7. A mejor ubicación, mejores ventas.
8. A mayor lujo, mayores ventas y utilidades, etcétera.

Cualquiera de estos cambios, hechos de manera irracional, pueden concluir en el fracaso.

Los efectos negativos de las decisiones pueden reflejarse en:

- Disminución de las ventas.
- Disminución de los productos financieros.

- Aumento de los gastos.
- Aumento de los costos.
- Aumento de los gastos financieros.
- Aumento de los impuestos.

A todos se les considera negativos, ya que evidentemente el incremento de egresos o el decremento de ingresos disminuyen las utilidades.

EL EFECTO COMBINADO

El objetivo de este tema es deducir los efectos de una decisión (positiva y negativa) antes de ejecutarla, y saber si el efecto combinado incrementará las utilidades o no. En la medida en que se tomen en cuenta más variables, el resultado pronosticado se acercará a la realidad, la toma de decisiones será más eficiente.

Cuando las cosas van mal en las empresas, sus propietarios suelen cambiar todo sin analizar el efecto final en las utilidades. Y muchas veces esto sólo acelerará el cierre.

Para conocer todos los efectos de una decisión, se recomienda graficar primero las variables que se afectarán, para determinar después todos los efectos del cambio y valuarlos.

Para conocer las rutas del efecto combinado, utilizaremos dos casos.

Caso 1

Supongamos que se tomó la decisión de mejorar la ubicación del establecimiento para obtener más ventas. La variable que cambiará es la ubicación, y las que se modificarán en consecuencia son las que aparecen en la gráfica de la página siguiente.

Las flechas continuas significan: afecta a; y las punteadas: influye en.

Una vez analizadas las variables que se afectan, podemos deducir que:

1. Al cambiar la ubicación es *probable* que los clientes asistan con mayor frecuencia y realicen más compras.
2. También es *probable* que la competencia intente lo mismo, o quizá lance nuevas promociones para contrarrestar el efecto, pero seguramente hará algo.

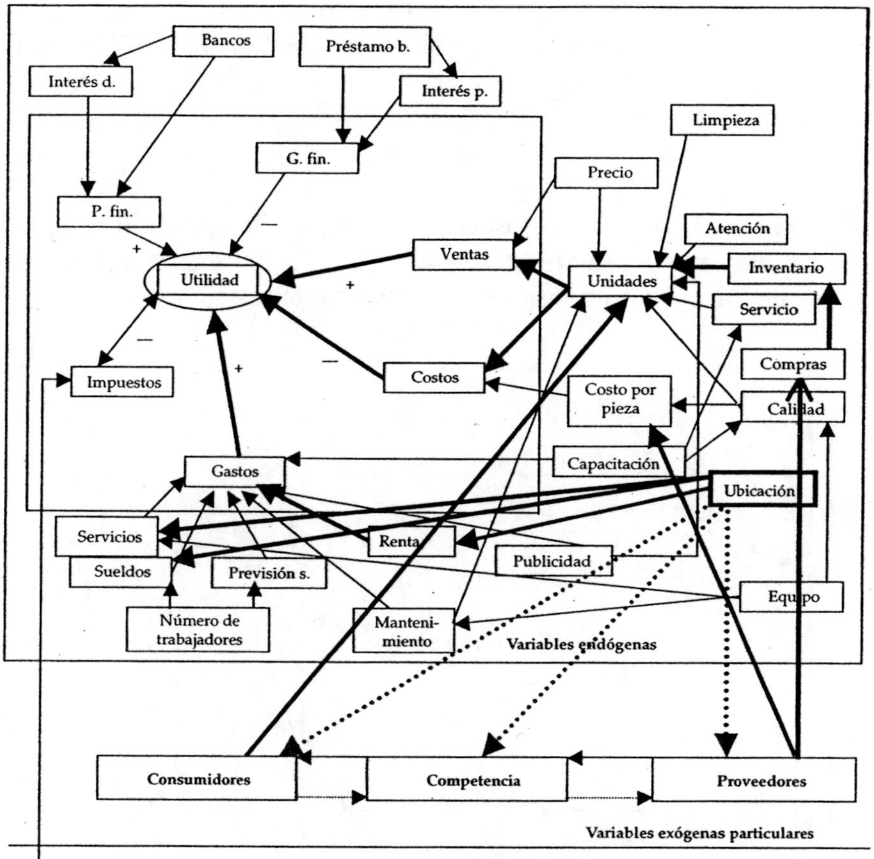

3. Es *probable* que los gastos de distribución de nuestros proveedores cambien con la nueva ubicación; por lo tanto, podrían variar el precio de compra o las cantidades entregadas.
4. Es *seguro* que los gastos por arrendamientos, servicios y sueldos de los trabajadores varíen con la nueva plaza; en el último caso debido a que las distancias entre sus domicilios y trabajo serán mayores.
5. En el caso de que la nueva ubicación genere más ventas, no se debe olvidar que éstas se acompañarán de un incremento proporcional en los costos, y éstos, a su vez, afectarán en forma *negativa* las utilidades.
6. El probable incremento en los servicios, salarios y rentas afectará los gastos y, a su vez, en forma *negativa* a las utilidades.
7. El probable incremento en las ventas afectará de manera *positiva* las utilidades.

Una vez conocidos los efectos más importantes, se debe evaluar financieramente para conocer el efecto final en las utilidades (este tema se trata en el siguiente apartado: *valuación financiera*).

Caso 2

Si la empresa del caso 1 decidiera también incrementar sus precios con el supuesto interés de mejorar las utilidades, las variables que se afectarían serían las que aparecen a continuación.

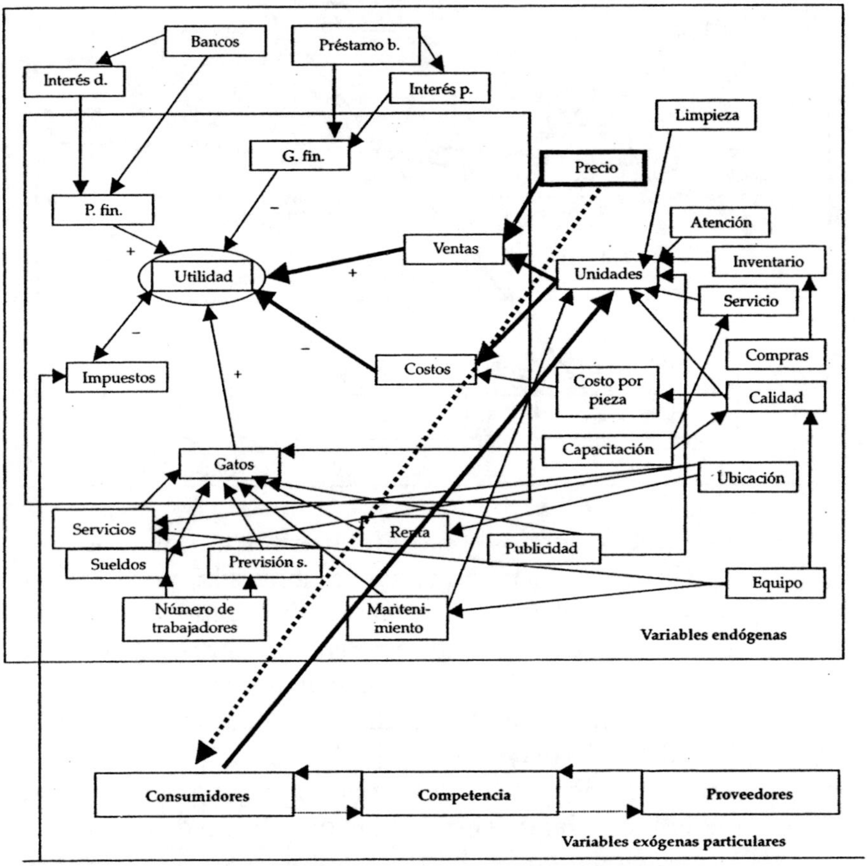

Una vez analizadas las variables que se afectan, podemos deducir que:

1. El incremento de los precios influirá indirectamente sobre los clientes, y *probablemente* éstos comprarán menos unidades.

2. Si se vendieran menos unidades, el costo disminuiría.
3. Al vender menos unidades e incrementar los precios, es muy *probable* que las ventas bajen.
4. Al disminuir el costo, combinado con la variación en las ventas (positiva o negativamente), lo más probable es que las utilidades crezcan, aunque también podría suceder lo contrario. Los precios deben modificarse sólo cuando lo justifiquen razones inflacionarias (costo de los insumos).

   Cuando los empresarios incrementan los precios muy por encima de la competencia y la inflación, pierden clientes que luego es muy complejo recuperar.

Antes de incrementar los precios, se deben tomar en cuenta:

1. Los costos unitarios.
2. El precio de la competencia.
3. Nuestro margen de utilidad (precio-costo).
4. La última vez que se incrementaron los precios y su efecto final en las unidades, ventas, costos y, por supuesto, utilidades.
5. Nuestra capacidad de producción o comercialización, contra la capacidad utilizada.

Al igual que para el caso anterior, en el siguiente apartado se trata la valuación financiera.

VALUACIÓN FINANCIERA

La valuación financiera es un procedimiento para conocer el resultado de una decisión en las utilidades de la empresa, y en función de ese resultado, poder elegir entre la mejor alternativa, evitando efectos negativos al experimentar con la realidad.

Caso 1

Para el caso 1 del tema anterior, en el cual la empresa decidirá la conveniencia de mejorar la ubicación del establecimiento, los supuestos serían los siguientes:

1. Al mejorar la ubicación las ventas crecerían 5%.
2. El incremento en los gastos por concepto de arrendamiento sería de 8 pesos.

3. El incremento de sueldos ascendería a 6 pesos.
4. Los gastos de mudanza ascenderían a $18.

Si valuamos estos supuestos para la empresa Manufacturera Central, S.A. de C.V., utilizando los estados financieros obtenidos en el capítulo 3 (*El pago de impuestos*), obtendremos:

MANUFACTURERA CENTRAL, S.A. DE C.V.
BALANCE GENERAL
Al 31 de diciembre de 2003

ACTIVO		PASIVO	
CIRCULANTE		A CORTO PLAZO	
Caja	110–8+6	Salarios por pagar	20+6
Bancos	3,788.4+29–18	Proveedores	300
Clientes	60	Acreedores diversos	500
Inventarios	180–12		
		A LARGO PLAZO	
FIJO		Préstamo bancario	3,282
Equipo de transporte	400	Préstamo hipotecario	2,500
Dep. equipo de trans.	–36		
Equipo de oficina	200	SUMA EL PASIVO	6,608
Maquinaria	3,300		
Edificio	3,000	CAPITAL CONTABLE	
Terreno	6,000	Capital social	10,400
		Utilidades de ejercicios anteriores	
INTANGIBLE			
Seguros pagado por ant.	10	Utilidad del ejercicio	11.4
Depósitos en garantía	5		
Marca registrada	5	SUMA EL CAPITAL	10,411.4
SUMA EL ACTIVO	17,019.4	SUMA EL P. MÁS C.	17,019.4

MANUFACTURERA CENTRAL, S.A. DE C.V.
ESTADO DE RESULTADOS
Del 1 de enero al 31 de diciembre de 2003

Ventas	290+**29**
–Costos	120+12
–Gastos	56+8+6+18
+Productos financieros	2
–Gastos financieros	82
=Utilidad financiera	19
–Impuesto sobre la renta	10.2–4.5
–Reparto de utilidades	3.4–1.5
=Utilidad neta	11.4

Es importante destacar que:

- El incremento del 10% en las ventas se registró con incrementos en las cuentas de ventas y bancos.
- Al incrementar las ventas 10%, es probable que los costos se incrementen en la misma proporción. Por lo tanto, la cantidad que corresponde ($12) se registró con incremento en la cuenta de costo, con una obvia disminución en inventarios por la misma cantidad.
- Los incrementos en gastos de arrendamiento y sueldos por 8 y 6 pesos, respectivamente, se registraron como incrementos en gastos con disminución en caja.
- El gasto por concepto de mudanza se registró como incremento en gastos con decremento en bancos.
- Al disminuir la utilidad financiera, obviamente también disminuirán los impuestos. Considerando que la nueva utilidad fiscal fuera de 19 pesos, entonces, el impuesto sobre la renta importaría 10.2 y el reparto de utilidades 1.9 pesos. Por lo tanto, también habría que disminuir esa cantidad de la cuenta de caja, suponiendo que se paguen de esa forma.

Se puede concluir que una vez analizados y valuados financieramente los cambios de la posible decisión de cambiar la ubicación del establecimiento, las utilidades finales (después de impuestos) disminuirán en 9 pesos a corto plazo (11.4 de utilidad final menos 20.4 de utilidad inicial). Por lo tanto, en el primer ejercicio el resultado será negativo para la empresa.

Para el siguiente ejercicio, evidentemente, se contará nuevamente con el beneficio del incremento en las ventas, con sus efectos negativos en el costo, sueldos y arrendamiento. El único beneficio tangible inmediato es que no se pagarán nuevamente los gastos por concepto de mudanza (véase estado de resultados en la página que sigue).

Como se puede observar, para el ejercicio de 2004 la utilidad final será de 22.2 pesos, contra 20.4 de antes de tomar la decisión, es decir, 1.8 pesos más, por lo que tardaremos 10 años en recuperar la inversión de los 18 pesos de la mudanza. Ello sin incluir las acciones que la competencia pueda presentar. Por lo tanto, aunque esa decisión representaría un incremento en las utilidades a partir del segundo año, éstas no justifican la inversión.

MANUFACTURERA CENTRAL, S.A. DE C.V.
ESTADO DE RESULTADOS
Del 1 de enero al 31 de diciembre de 2004*

Ventas	290 + **29**
–Costos	120 + 12
–Gastos	56 + 8 + 6
+Productos financieros	2
–Gastos financieros	82
=Utilidad financiera	37
–Impuesto sobre la renta	11.1
–Reparto de utilidades	3.7
=Utilidad neta	22.2

* Suponiendo que para el año 2004 no hubiera algún incremento nominal en ninguna de las cuentas de resultados.

En un principio, el aparente incremento en las ventas del 10% podría deslumbrar a cualquiera, pero al evaluar financieramente los pros y contras más importantes de la decisión, se deduce que no se trata de una buena alternativa.

Caso 2

Si valuamos el caso 2 del apartado anterior, en el cual la empresa decidirá la conveniencia de incrementar los precios para mejorar las utilidades, los supuestos serían los siguientes:

1. Los precios se incrementarían 10%.
2. La disminución de las unidades vendidas sería de 10%.

Si valuamos estos supuestos para la empresa Manufacturera Central, S.A. de C.V., utilizando los estados financieros obtenidos en el capítulo 3, obtendremos el balance general y el estado de resultados que se muestran en la página siguiente.

- El decremento del 10% en las unidades vendidas se registró como decremento en la cuenta de ventas. Ahora las ventas serán de 261 pesos.
- Al disminuir las ventas 10%, los costos disminuirán en la misma proporción. Por lo tanto, la cantidad que corresponde ($12) se registró como decremento en la cuenta de costo, y con un obvio incremento en inventarios por la misma cantidad.

MANUFACTURERA CENTRAL, S.A. DE C.V.
BALANCE GENERAL
Al 31 de diciembre de 2003

ACTIVO		PASIVO	
CIRCULANTE		A CORTO PLAZO	
Caja	110–3.64	Salarios por pagar	20
Bancos	3,788.4–2.9	Proveedores	300
Clientes	60	Acreedores diversos	500
Inventarios	180+12		
		A LARGO PLAZO	
FIJO		Préstamo bancario	3,282
Equipo de transporte	400	Préstamo hipotecario	2,500
Dep. equipo de trans.	–36		
Equipo de oficina	200	SUMA EL PASIVO	6,602
Maquinaria	3,300		
Edificio	3,000	CAPITAL CONTABLE	
Terreno	6,000	Capital social	10,400
		Utilidades de ejercicios anteriores	
INTANGIBLE			
Seguros pagado por ant.	10	Utilidad del ejercicio	25.86
Depósitos en garantía	5		
Marca registrada	5	SUMA EL CAPITAL	10,425.86
SUMA EL ACTIVO	17,027.86	SUMA EL P. MÁS C.	17,027.86

MANUFACTURERA CENTRAL, S.A. DE C.V.
ESTADO DE RESULTADOS
Del 1 de enero al 31 de diciembre de 2003

Ventas	290–29+26.1
–Costos	120–12
–Gastos	56
+Productos financieros	2
–Gastos financieros	82
=Utilidad financiera	43.1
–Impuesto sobre la renta	12.93
–Reparto de utilidades	4.31
=Utilidad neta	25.86

- Al incrementar las ventas debido al aumento de los precios, estas nuevas ventas se obtendrán al incrementar el 10% de 261, es decir 26.1 pesos más.
- Al aumentar la utilidad financiera, también aumentarán los impuestos. Considerando que la nueva utilidad fiscal fuera de 43.1 pesos, entonces, el impuesto sobre la renta importaría 12.93 y el reparto de utilidades 4.31 pesos. Por lo tanto, también habría que disminuir esa cantidad de la cuenta de caja, suponiendo que se paguen de esa forma.

Considerando la valuación financiera de la decisión de incrementar los precios, se puede deducir que es una decisión acertada desde el punto de vista de la rentabilidad, aunque habrá que valuar el costo de oportunidad de perder ese 10% de clientes.

Bibliografía

Anderson, Henry, *Conceptos básicos de contabilidad de costos*, Ed. CECSA, México, 1996.

Aragón Soldado, Jesús de, *Enciclopedia de administración, contabilidad y organización de empresas*, Madrid, España, 1960.

Autores varios, *Reflexiones y testimonios de egresados de la licenciatura en Administración de empresas*, Universidad Iberoamericana, México, 2002.

Besteiro, Varela, *Contabilidad financiera y de sociedades*, Ed. Pirámide, Madrid, España, 2003.

Brent, Robert, *Applied cost-benefit analysis*, Ed. Edward Elgar Publishing Limited, Reino Unido, 1996.

Carlson, Forkner, *Accounting*, Ed. Advanced Course, Cincinnati, Estados Unidos, 1974.

Cuevas, Francisco, *Control de costos y gastos en los restaurantes*, Ed. Limusa, México, 2002.

Cuevas, Francisco, *Elaboración de un juego empresarial utilizando simulación*, Universidad Iberoamericana, México, 1982.

Cuevas, Francisco, *Material didáctico para la materia Introducción a las finanzas*, Universidad Iberoamericana, México, 1988.

Elizondo López, Arturo, *Metodología de la investigación contable*, Thompson, México, 2002.

García, Mendoza, *Análisis e interpretación de la información financiera*, CECSA, México, 1987.

Hansen, Mowen, *Administración de costos*, Ed. Thompson, México, 1995.

Hart, H., *Overhead costs analysis and control*, Ed. Heneimann, Londres, Inglaterra, 1973.

Kester, Roy, *Contabilidad, teoría y práctica,* Ed. Labor, España, 1975.
Mancera Hermanos Contadores Públicos, *Terminología del contador,* Ed. Banca y Comercio, México, 1991.
Meigs y Meigs, *Financial accounting,* 11ava. edición, McGraw-Hill, Inc., Estados Unidos, 1997.
Méndez Villanueva, Antonio, *Teoría y práctica de contabilidad,* México, 1988.
Newel, Martin, *The economics of business,* Ed. Pan, 1992, Londres, Inglaterra.
Schmidgal, Raymond, *Financial accounting,* Educational Institute American Hotel and Motel Association, Michigan, U.S.A., 1997.
Schroeder, Richard, G., Wyrtle Clark, *Accounting Theory: Text and Readings,* John Wiley y Sons, Inc., Estados Unidos, 1998.
Watson, Donald, *Teoría de los precios en acción,* Ed. Trillas, México, 1981.
Zenz, Gary, *Compra y administración de materiales,* Ed. Limusa, México, 1984.